KB200908

맥체인 1년 1독 성경읽기

# 맥체인 통독 맥잡기(4)

김홍양 지음

신교횃불
ccm2u.com

맥체인 1년 1독 성경읽기

# 맥체인 통독 맥잡기(4)

# 맥체인 성경읽기란?

맥체인 성경읽기표는 1842년 맥체인이 자신이 목양하던 성 베드로 교회 성도들의 영적 성장을 위해 개발한 것으로, 매일 구약과 신약을 각각 2장씩 읽음으로써 1년에 구약 1회, 신약과 시편을 각 2회 정독할 수 있도록 만든 표입니다.

이와 같은 맥체인의 방법에 따라 신구약 성경 전체를 골고루 4등분해서 동시에 읽으면, 성경에 기록된 장구한 구속사를 크게 네 시대로 나누어 동시에 묵상할 수 있습니다.

각각의 시대마다 하나님께서는 하나님이 세우신 사람들과 언약을 맺으셨고, 그 언약을 완성하셨습니다. 그리고 이 시대들은 서로 씨줄과 날줄이 되어 하나님의 구속사를 완성하는 완벽한 하모니를 이루고 있습니다.

때로는 시대별로, 때로는 거시적인 안목에서 구속사 전체를 한 번에 아우르게 합니다. 그렇기에 남녀노소, 교회의 직분을 무론하고, 누구나 맥체인 성경읽기표를 따라 성경을 읽으면, 성경에 대한 명쾌한 이해와 함께 하나님께서 감춰두신 구속의 보화를 찾는 기쁨을 누릴 수 있습니다.

또한 이를 통해 성경의 맥을 보다 쉽게 잡을 수 있습니다. 이렇게 하나님의 계시 목적에 평행선을 그으며 따라가는 것은 맥체인 성경읽기표만의 독특한 방식입니다.

성경을 읽다가 중간에 빠뜨린 부분이 있더라도 포기하지 말고, 그날의 날짜에 맞추어 읽는 것이 좋습니다. 이런 습관은 해가 거듭되더라도 반복적으로 성경을 통독할 수 있게 해 주기 때문입니다. 개인적으로 읽을 때는 아침, 저녁으로 나누어 읽으셔도 됩니다. 각자의 방법대로 성경을 읽으면 됩니다.

 "또 어려서부터 성경을 알았나니 성경은 능히 너로 하여금 그리스도 예수 안에 있는 믿음으로 말미암아 구원에 이르는 지혜가 있게 하느니라 모든 성경은 하나님의 감동으로 된 것으로 교훈과 책망과 바르게 함과 의로 교육하기에 유익하니 이는 하나님의 사람으로 온전하게 하며 모든 선한 일을 행할 능력을 갖추게 하려 함이라" (딤후 3:15-17).

▶ **"맥체인 성경읽기"의 특징과 장점**

　○ 맥체인 성경은 구약과 신약(또는 시편)에서 4권씩 짝을 이루고 있어서 흥미롭고 읽는 재미를 더합니다.

　○ 맥체인 성경은 구약과 신약의 대조를 통해 말씀 간 연관성 및 의미의 다채로움을 만끽하게 합니다.

　○ 맥체인 성경은 매일 신구약의 4장씩 일정량을 읽도록 구성되어, 끝까지 효과적으로 읽을 수 있습니다.

　○ 맥체인 성경은 하나님의 구속사를 한눈에 볼 수 있도록 구성되어 있습니다.

　○ 맥체인 성경은 성경 전체를 관통하는 하나님의 생각을 연상하게 훈련시킵니다.

　○ 맥체인 성경은 <읽기표>를 통해 규칙적이고 체계적인 성경읽기를 가능하게 합니다.

　○ 맥체인 성경의 <읽기표>를 활용하면 1년에 구약은 1독, 신약과 시편은 2독 할 수 있습니다.

　○ 맥체인 성경은 말씀의 연관성을 찾아 말씀의 참 의미를 깨닫게 도와줍니다.

▶ **《맥체인성경 365》 말씀연결 사용하는 법**

　① 네 성경 본문의 소주제를 통해 중심 단어나 문장을 말씀으로 묵상한다.

　② 네 본문의 말씀을 순서대로, 천천히 읽는다.

　③ 두 본문에서 반복되는 단어나 유사한 문맥을 찾아 서로 연결한다.

　④ 본문에서 반대의 뜻을 가진 단어나 문장을 찾는다.

　⑤ 두 권의 책에서 공통되는 하나님의 말씀을 연결하여 기록한다.

　⑥ 연결되는 말씀을 다른 두 권으로 확대하여 네 권 전체에 흐르는 하나님의 생각과 베푸신 은혜를 누리고, 그 내용을 적어본다.

　⑦ 본문에서 지도자나 인도자로부터 배운 신학 주제나 교리들이 함축하고 있는 문맥의 짝을 찾아본다.

　⑧ 중심 주제를 필두로, 삶에 적용할 일들을 적어보고 생활 중에 실천함으로써 변화를 경험해 본다.

　⑨ 하나님이 오늘 나에게 주신 말씀들을 통하여 가르침, 명령과 약속 권면, 경고 및 행해야 할 일들을 하나님과 대화하는 마음으로(기도) 성경읽기를 마무리한다.

## I. 맥체인성경의 통독구조<88>

신구약 4장을 동시에 읽으면 전혀 다른 배경과 내용이 나온다. 그 곳에서 공통점을 찾으면 주님의 입체적으로 일하심을 발견하게 된다. 따라서 지금 우리의 기도와 실천도 다양한 말씀에 대입하고 응용하여 주어진 삶에 적용할 수 있는 구조다.

## II. 핵심구절 읽기

| 성경본문 | 출애굽기 40장 | 요한복음 19장 | 잠언 16장 | 빌립보서 3장 |
|---|---|---|---|---|
| 통일주제 | 달성 | | | |
| 개별주제 | 하나님이 명령하신 성막제작의 모든 작업을 달성 | 하나님이 주신 대속의 사명을 십자가 위에서 달성 | 응답 감찰 인도 작정하시는 하나님의 뜻과 기준을 달성 | 가장 고상한 예수 그리스도의 사명을 달려감으로 달성 |
| 연합내용 | **하나님은 인생에게 목적을 두고 행하신다. 그러므로 성도는 경건생활을 통해 그 목적을 발견하고 선한 목표를 정한 후 달성하기 위하여 날마다 주 안에서 경주해야 한다.** | | | |
| 핵심구절 | 1~15,17,33~38 | 1~3,6~7,10~12 16~17,20,23 26~28,30,33~39 | 1~4,7~9,11,14 17~19,23~25,28 31~33 | 2~3,5~14,17~20 |

### • 출애굽기 40장 - 하나님이 명령하신 성막제작의 모든 작업을 달성

여호와께서 모세에게 말씀하여 이르시되...(1~15절)

둘째 해 첫째 달 곧 그 달 초하루에 성막을 세우니라(17절)

그는 또 성막과 제단 주위 뜰에 포장을 치고 뜰 문에 휘장을 다니라 모세가 이같이 역사를 마치니...(33~38절)

### • 요한복음 19장 - 하나님이 주신 대속의 사명을 십자가 위에서 달성

이에 빌라도가 예수를 데려다가 채찍질하더라...(1~3절)

대제사장들과 아랫사람들이 예수를 보고 소리 질러 이르되 십자가에 못 박으소서 십자가에 못 박으소서 하는지라 빌라도가 이르되 너희가 친히 데려다가 십자가에 못 박으라 나는 그에게서 죄를 찾지 못하였노라...(6~7절)

빌라도가 이르되 내게 말하지 아니하느냐 내가 너를 놓을 권한도 있고 십자가에 못 박을 권한도 있는 줄 알지 못하느냐...(10~12절)

이에 예수를 십자가에 못 박도록 그들에게 넘겨 주니라...(16~17절)

예수께서 못 박히신 곳이 성에서 가까운 고로 많은 유대인이 이 패를 읽는데 히브리와 로마와 헬라 말로 기록되었더라(20절)

군인들이 예수를 십자가에 못 박고 그의 옷을 취하여 네 깃에 나눠 각각 한 깃씩 얻고 속옷도 취하니 이 속옷은 호지 아니하고 위에서부터 통으로 짠 것이라(23절)

예수께서 자기의 어머니와 사랑하시는 제자가 곁에 서 있는 것을 보시고 자기 어머니께 말씀하시되 여자여 보소서 아들이니이다 하시고...(26~28절)

예수께서 신 포도주를 받으신 후에 이르시되 다 이루었다 하시고 머리를 숙이니 영혼이 떠나가시니라(30절)

예수께 이르러서는 이미 죽으신 것을 보고 다리를 꺾지 아니하고...(33~39절)

## • 잠언 16장 - 응답 감찰 인도 작정하시는 하나님의 뜻과 기준을 달성

마음의 경영은 사람에게 있어도 말의 응답은 여호와께로부터 나오느니라...(1~4절)

사람의 행위가 여호와를 기쁘시게 하면 그 사람의 원수라도 그와 더불어 화목하게 하시느니라...(7~9절)

공평한 저울과 접시 저울은 여호와의 것이요 주머니 속의 저울추도 다 그가 지으신 것이니라(11절)

왕의 진노는 죽음의 사자들과 같아도 지혜로운 사람은 그것을 쉬게 하리라(14절)

악을 떠나는 것은 정직한 사람의 대로이니 자기의 길을 지키는 자는 자기의 영혼을 보전하느니라...(17~19절)

지혜로운 자의 마음은 그의 입을 슬기롭게 하고 또 그의 입술에 지식을 더하느니라...(23~25절)

패역한 자는 다툼을 일으키고 말쟁이는 친한 벗을 이간하느니라(28절)

백발은 영화의 면류관이라 공의로운 길에서 얻으리라...(31~33절)

개들을 삼가고 행악하는 자들을 삼가고 몸을 상해하는 일을 삼가라...(2~3절)

나는 팔일 만에 할례를 받고 이스라엘 족속이요 베냐민 지파요 히브리인 중의 히브리인이요 율법으로는 바리새인이요...(5~14절)

형제들아 너희는 함께 나를 본받으라 그리고 너희가 우리를 본받은 것처럼 그와 같이 행하는 자들을 눈여겨 보라...(17~20절)

## Ⅲ. 묵상을 위한 질문

1. 하나님의 일을 할 때 가장 중요한 자세는 무엇일까요?(19,21,23,25,27,29,32)

2. 성막에 하나님의 임재는 언제 충만했나요?(33~35)

3. 유대인들의 고발로 인하여 재판에 넘겨진 예수님은 빌라도와의 재판 과정에서 어떤 말씀과 자세를 보이셨나요?(9~11)

4. 예수님이 십자가에서 운명하시기 전에 하신 세 말씀은 무엇일까요?(26~27,28,30)

5. 솔로몬은 인간이 삶 속에서 항상 무엇을 해야 한다고 말했나요?(3,6~7,19,24,32)

6. 솔로몬은 하나님이 인간을 향해 무엇을 하신다고 말했나요?(1,2,9,33)

7. 사도 바울이 예수를 영접한 후 가장 소중하게 여겼던 것은 무엇일까요?(8)

8. 예수의 일꾼이 된 사도 바울의 인생의 목표는 무엇이었나요?(11~14)

## Ⅳ. 기도

1. 주여, 우리로 하여금 늘 주님의 뜻과 말씀에 순종하게 하옵소서.
2. 주여, 우리로 하여금 마지막까지 변하지 않는 신앙을 갖게 하옵소서.
3. 주여, 우리로 하여금 성도의 도리와 목표를 끝까지 실천하게 하옵소서.

### • 하나님 마음 알아가기 •

### • 나에게 주시는 말씀(암송하기) •

### • 오늘의 감사(기록하기) •

## Ⅰ. 맥체인성경의 통독구조<89>

기존 성경을 읽을 때는 등장인물이 주인공이 될 때도 많이 있으나 맥체인성경의 신구약 4장을 읽으면 모든 통일주제와 개별주제의 주인공이 하나님과 예수님과 성령님이 되는 구조이다.

## Ⅱ. 핵심구절 읽기

| 성경본문 | 레위기 1장 | 요한복음 20장 | 잠언 17장 | 빌립보서 4장 |
|---|---|---|---|---|
| 통일주제 | 오름 | | | |
| 개별주제 | 가축의 번제가 여호와께 향기로운 냄새로 오름 | 부활의 주님이 성령을 주시고 하나님께로 오름 | 주를 향한 자가 연단과 참음을 통해 지혜에 오름 | 주 안에서 자족함을 배움으로 모든 것을 행할 능력에 오름 |
| 연합내용 | **성경은 일반적으로 하늘을 선하고 온전한 것으로 말하고 땅을 악하고 거짓된 것으로 말한다. 그러기에 예수님과 참된 성도는 죄악된 땅에 살면서 끊임없이 연단받고 사역하여 영원한 하늘나라를 소유한다.** | | | |
| 핵심구절 | 2~11,14~15 | 1~2,5~8,11~23 26~29 | 1,3,5,9~10,12 14~15,17,19 21~22,26~28 | 2,4~8,11~13 15~16,18~19 |

### • 레위기 1장 - 가축의 번제가 여호와께 향기로운 냄새로 오름

이스라엘 자손에게 말하여 이르라 너희 중에 누구든지 여호와께 예물을 드리려거든 가축 중에서 소나 양으로 예물을 드릴지니라...(2~11절)
만일 여호와께 드리는 예물이 새의 번제이면 산비둘기나 집비둘기 새끼로 예물을 드릴 것이요...(14~15절)

### • 요한복음 20장 - 부활의 주님이 성령을 주시고 하나님께로 오름

안식 후 첫날 일찍이 아직 어두울 때에 막달라 마리아가 무덤에 와서 돌이 무덤에서 옮겨진 것을 보고...(1~2절)

구부려 세마포 놓인 것을 보았으나 들어가지는 아니하였더니...(5~8절)

마리아는 무덤 밖에 서서 울고 있더니 울면서 구부려 무덤 안을 들여다보니...(11~23절)

여드레를 지나서 제자들이 다시 집 안에 있을 때에 도마도 함께 있고 문들이 닫혔는데 예수께서 오사 가운데 서서 이르시되 너희에게 평강이 있을지어다 하시고...(26~29절)

● 잠언 17장 - 주를 향한 자가 연단과 참음을 통해 지혜에 오름

마른 떡 한 조각만 있고도 화목하는 것이 제육이 집에 가득하고도 다투는 것보다 나으니라(1절)

도가니는 은을, 풀무는 금을 연단하거니와 여호와는 마음을 연단하시느니라(3절)

가난한 자를 조롱하는 자는 그를 지으신 주를 멸시하는 자요 사람의 재앙을 기뻐하는 자는 형벌을 면하지 못할 자니라(5절)

허물을 덮어 주는 자는 사랑을 구하는 자요 그것을 거듭 말하는 자는 친한 벗을 이간하는 자니라...(9~10절)

차라리 새끼 빼앗긴 암곰을 만날지언정 미련한 일을 행하는 미련한 자를 만나지 말 것이니라(12절)

다투는 시작은 둑에서 물이 새는 것 같은즉 싸움이 일어나기 전에 시비를 그칠 것이니라...(14~15절)

친구는 사랑이 끊어지지 아니하고 형제는 위급한 때를 위하여 났느니라(17절)

다툼을 좋아하는 자는 죄과를 좋아하는 자요 자기 문을 높이는 자는 파괴를 구하는 자니라(19절)

미련한 자를 낳는 자는 근심을 당하나니 미련한 자의 아비는 낙이 없느니라...(21~22절)

의인을 벌하는 것과 귀인을 정직하다고 때리는 것은 선하지 못하니라...(26~28절)

● 빌립보서 4장 - 주 안에서 자족함을 배움으로 모든 것을 행할 능력에 오름

내가 유오디아를 권하고 순두게를 권하노니 주 안에서 같은 마음을 품으라(2절)

주 안에서 항상 기뻐하라 내가 다시 말하노니 기뻐하라...(4~8절)

내가 궁핍하므로 말하는 것이 아니라 어떠한 형편에든지 나는 자족하기를 배웠노니...(11~13절)

빌립보 사람들아 너희도 알거니와 복음의 시초에 내가 마게도냐를 떠날 때에 주고 받는 내 일에 참여한 교회가 너희 외에 아무도 없었느니라...(15~16절)

내게는 모든 것이 있고 또 풍부한지라 에바브로디도 편에 너희가 준 것을 받으므로 내가 풍족하니 이는 받으실 만한 향기로운 제물이요 하나님을 기쁘시게 한 것이라...(18~19절)

## III. 묵상을 위한 질문

1. 여호와께서 회막에서 제사를 드릴 때 어떤 제물로 드리라고 했나요?(1~2)

2. 여호와께 드리는 번제는 어떻게 진행해야 될까요?(4~6,9,12~13)

3. 예수님의 부활을 생생하게 목격한 사람은 누구일까요?(11~18)

4. 부활의 예수님이 두려워 떨고 있는 제자들에게 나타나셔서 주신 최고의 선물 두 가지는 무엇일까요?(19,21~22,26)

5. 솔로몬은 여호와께서 인간의 무엇을 연단하신다고 말했나요?(3)

6. 솔로몬은 미련한 자가 얻게 될 결과를 어떻게 말했나요?(12,16,21)

7. 바울이 빌립보 성도에게 마지막으로 강조한 것은 무엇일까요?(4~6)

8. 바울은 복음을 전하면서 주 안에서 무엇을 배웠다고 했나요?(11~13)

## Ⅳ. 기도

1. 주여, 우리로 하여금 온전한 제사, 거룩한 예배를 드리게 하옵소서.
2. 주여, 우리에게 성령을 통하여 부활신앙을 주사 흔들리지 않게 하옵소서.
3. 주여, 우리로 하여금 어떤 상황 속에서도 기쁨을 잃지 않게 하옵소서.

### • 하나님 마음 알아가기 •

### • 나에게 주시는 말씀(암송하기) •

### • 오늘의 감사(기록하기) •

## I. 맥체인성경의 통독구조<90>

기존의 성경묵상은 한 책을 읽으므로 한 본문에 한 교훈을 찾는 것이 일반적이지만 맥체인성경읽기와 묵상은 네 책을 읽고 네 본문의 공통점을 찾기 때문에 몇 개의 교훈이 나타난다. 그 중에 현재 감동을 주는 교훈을 적용하는 구조이다.

## II. 핵심구절 읽기

| 성경본문 | 레위기 2~3장 | 요한복음 21장 | 잠언 18장 | 골로새서 1장 |
|---|---|---|---|---|
| 통일주제 | 화목 | | | |
| 개별주제 | 소제와 화목제를 드림으로 하나님과 화목 | 예수님의 찾아오심과 질문으로 제자와 화목 | 관계의 소중함을 알고 바른 말을 함으로 화목 | 예수와 바울의 고난으로 골로새성도가 하나님과 화목 |
| 연합내용 | 사람은 하나님의 조화 속에 창조되었다. 하나님과 조화를 이루고, 사람과 조화를 이루는 화목의 존재였다. 하지만 죄로 인하여 부조화를 이룬 인생은 제사와 예배, 예수 그리스도의 속량으로 하나님과 화목케 되었다. | | | |
| 핵심구절 | 2:1~2,4~7,11,13 3:1~2,5~7,12 16~17 | 2~6,10~13 15~18,21~23 | 1~2,4,8,10 12~14,16~17,19 21~23 | 2~8,13~18, 21~24,27~29 |

### • 레위기 2~3장 - 소제와 화목제를 드림으로 하나님과 화목

누구든지 소제의 예물을 여호와께 드리려거든 고운 가루로 예물을 삼아 그 위에 기름을 붓고 또 그 위에 유향을 놓아...(2장 1~2절)

네가 화덕에 구운 것으로 소제의 예물을 드리려거든 고운 가루에 기름을 섞어 만든 무교병이나 기름을 바른 무교전병을 드릴 것이요...(2장 4~7절)

너희가 여호와께 드리는 모든 소제물에는 누룩을 넣지 말지니 너희가 누룩이나 꿀을 여호와께 화제로 드려 사르지 못할지니라(2장 11절)

네 모든 소제물에 소금을 치라 네 하나님의 언약의 소금을 네 소제에 빼지 못할지니 네 모든 예물에 소금을 드릴지니라(2장 13절)

사람이 만일 화목제의 제물을 예물로 드리되 소로 드리려면 수컷이나 암컷이나 흠 없

는 것으로 여호와 앞에 드릴지니...(3장 1~2절)

아론의 자손은 그것을 제단 위의 불 위에 있는 나무 위의 번제물 위에서 사를지니 이
는 화제라 여호와께 향기로운 냄새니라...(3장 5~7절)

만일 그의 예물이 염소면 그것을 여호와 앞으로 끌어다가(3장 12절)

제사장은 그것을 제단 위에서 불사를지니 이는 화제로 드리는 음식이요 향기로운 냄
새라 모든 기름은 여호와의 것이니라...(3장 16~17절)

## • 요한복음 21장 - 예수님의 찾아오심과 질문으로 제자와 화목

시몬 베드로와 디두모라 하는 도마와 갈릴리 가나 사람 나다나엘과 세베대의 아들들
과 또 다른 제자 둘이 함께 있더니...(2~6절)

예수께서 이르시되 지금 잡은 생선을 좀 가져오라 하시니...(10~13절)

그들이 조반 먹은 후에 예수께서 시몬 베드로에게 이르시되 요한의 아들 시몬아 네가
이 사람들보다 나를 더 사랑하느냐 하시니 이르되 주님 그러하나이다 내가 주님을 사
랑하는 줄 주님께서 아시나이다 이르시되 내 어린 양을 먹이라 하시고...(15~18절)

이에 베드로가 그를 보고 예수께 여짜오되 주님 이 사람은 어떻게 되겠사옵나이
까...(21~23절)

## • 잠언 18장 - 관계의 소중함을 알고 바른 말을 함으로 화목

무리에게서 스스로 갈라지는 자는 자기 소욕을 따르는 자라 온갖 참 지혜를 배척하느
니라...(1~2절)

명철한 사람의 입의 말은 깊은 물과 같고 지혜의 샘은 솟구쳐 흐르는 내와 같으니라(4
절)

남의 말하기를 좋아하는 자의 말은 별식과 같아서 뱃속 깊은 데로 내려가느니라(8절)

여호와의 이름은 견고한 망대라 의인은 그리로 달려가서 안전함을 얻느니라(10절)

사람의 마음의 교만은 멸망의 선봉이요 겸손은 존귀의 길잡이니라...(12~14절)

사람의 선물은 그의 길을 넓게 하며 또 존귀한 자 앞으로 그를 인도하느니라...(16~17
절)

노엽게 한 형제와 화목하기가 견고한 성을 취하기보다 어려운즉 이러한 다툼은 산성

문빗장 같으니라(19절)

죽고 사는 것이 혀의 힘에 달렸나니 혀를 쓰기 좋아하는 자는 혀의 열매를 먹으리라...(21~23절)

**・골로새서 1장 - 예수와 바울의 고난으로 골로새성도가 하나님과 화목**

골로새에 있는 성도들 곧 그리스도 안에서 신실한 형제들에게 편지하노니 우리 아버지 하나님으로부터 은혜와 평강이 너희에게 있을지어다...(2~8절)

그가 우리를 흑암의 권세에서 건져내사 그의 사랑의 아들의 나라로 옮기셨으니...(13~18절)

전에 악한 행실로 멀리 떠나 마음으로 원수가 되었던 너희를...(21~24절)

하나님이 그들로 하여금 이 비밀의 영광이 이방인 가운데 얼마나 풍성한지를 알게 하려 하심이라 이 비밀은 너희 안에 계신 그리스도시니 곧 영광의 소망이니라...(27~29절)

## Ⅲ. 묵상을 위한 질문

1. 곡식으로 드리는 소제에 반드시 넣지 말아야 할 것과 넣을 것은 무엇일까요?(11,13)

2. 동물로 드리는 화목제의 제물은 어떤 동물들일까요?(1,6,12)

3. 베드로, 도마, 나다나엘, 세베대의 아들들, 다른 제자 둘이 함께 물고기 잡으러 나가 153마리를 잡았을 때 누가 함께하셨나요?(2~6,11~12)

4. 예수님께서 시몬 베드로에게 세 번 질문하신 내용은 무엇일까요?(15~17)

5. 솔로몬은 인간관계의 소중함을 어떻게 설명했나요?(1~2,8,19)

6. 솔로몬은 질병의 원인과 치료가 무엇에 달려 있다고 했나요?(14)

7. 에바브라는 바울에게 골로새 성도들의 어떤 모습을 전해 주었나요?(4~5)

8. 바울은 예수 그리스도가 골로새 성도들을 위하여 어떤 사역을 하셨다고 증언하고 있나요?(13~14,21~22)

## Ⅳ. 기도

1. 주여, 우리가 하나님께 예배로 나아갈 때에 온전한 규율을 지키게 하옵소서.
2. 주여, 우리가 예수 그리스도와 함께 할 때 많은 것을 얻음을 믿게 하옵소서.
3. 주여, 흠없고 책망할 것이 없는 자가 되게 하신 은혜를 늘 감사하게 하옵소서.

### · 하나님 마음 알아가기 ·

### · 나에게 주시는 말씀(암송하기) ·

### · 오늘의 감사(기록하기) ·

## I. 맥체인성경의 통독구조<91>

네 권의 책을 한 장씩 읽을 때 먼저 각 장마다 전체적인 내용을 파악하고 핵심주제 2개 이상을 찾는다. 그 다음 각 장의 주제를 비교하여 동일한 것을 연결하여 묵상하는 구조이다.

## II. 핵심구절 읽기

| 성경본문 | 레위기 4장 | 시편 1~2편 | 잠언 19장 | 골로새서 2장 |
|---|---|---|---|---|
| 통일주제 | 허물 | | | |
| 개별주제 | 제사장 회중 족장 평민의 속죄받아야 할 허물 | 악인 죄인 오만한 자의 따르지 말아야 할 허물 | 미련 거짓 태만 거만한 자의 멸망 당할 허물 | 교묘한 말 헛된 속임수로 성도를 넘어지게 하는 허물 |
| 연합내용 | **모든 사람은 죄와 허물로 죽은 영혼이다. 제사장에서 평민에 이르기까지 죄와 허물로 더러워졌기에 예수 그리스도의 피로 속죄함을 받아야 한다. 그 후 다시는 허물에 넘어가지 않도록 자신을 지키는 것이 중요하다.** | | | |
| 핵심구절 | 2~7,13~15 20~23,26~28 31~32,35 | 1:1~3,6 2:1~4,7~9 11~12 | 2~3,6~7,11~12 14~18,21,23~25 29 | 1~4,6~8,11 13~16,19~20,23 |

### • 레위기 4장 - 제사장 회중 족장 평민의 속죄 받아야 할 허물

이스라엘 자손에게 말하여 이르라 누구든지 여호와의 계명 중 하나라도 그릇 범하였으되...(2~7절)

만일 이스라엘 온 회중이 여호와의 계명 중 하나라도 부지중에 범하여 허물이 있으나 스스로 깨닫지 못하다가...(13~15절)

그 송아지를 속죄제의 수송아지에게 한 것 같이 할지며 제사장이 그것으로 회중을 위하여 속죄한즉 그들이 사함을 받으리라...(20~23절)

그 모든 기름은 화목제 제물의 기름 같이 제단 위에서 불사를지니 이같이 제사장이 그 범한 죄에 대하여 그를 위하여 속죄한즉 그가 사함을 얻으리라...(26~28절)

그 모든 기름을 화목제물의 기름을 떼어낸 것 같이 떼어내 제단 위에서 불살라 여호와

께 향기롭게 할지니 제사장이 그를 위하여 속죄한즉 그가 사함을 받으리라...(31~32절)

그 모든 기름을 화목제 어린 양의 기름을 떼낸 것 같이 떼내어 제단 위 여호와의 화제물 위에서 불사를지니 이같이 제사장이 그가 범한 죄에 대하여 그를 위하여 속죄한즉 그가 사함을 받으리라(35절)

### • 시편 1~2편 - 악인 죄인 오만한 자의 따르지 말아야 할 허물

복 있는 사람은 악인들의 꾀를 따르지 아니하며 죄인들의 길에 서지 아니하며 오만한 자들의 자리에 앉지 아니하고...(1편 1~3절)

무릇 의인들의 길은 여호와께서 인정하시나 악인들의 길은 망하리로다(1편 6절)

어찌하여 이방 나라들이 1)분노하며 민족들이 헛된 일을 꾸미는가...(2편 1~4절)

내가 여호와의 명령을 전하노라 여호와께서 내게 이르시되 너는 내 아들이라 오늘 내가 너를 낳았도다...(2편 7~9절)

여호와를 경외함으로 섬기고 떨며 즐거워할지어다...(2편 11~12절)

### • 잠언 19장 - 미련 거짓 태만 거만한 자의 멸망 당할 허물

지식 없는 소원은 선하지 못하고 발이 급한 사람은 잘못 가느니라...(2~3절)

너그러운 사람에게는 은혜를 구하는 자가 많고 선물 주기를 좋아하는 자에게는 사람마다 친구가 되느니라...(6~7절)

노하기를 더디 하는 것이 사람의 슬기요 허물을 용서하는 것이 자기의 영광이니라...(11~12절)

집과 재물은 조상에게서 상속하거니와 슬기로운 아내는 여호와께로서 말미암느니라...(14~18절)

사람의 마음에는 많은 계획이 있어도 오직 여호와의 뜻만이 완전히 서리라(21절)

여호와를 경외하는 것은 사람으로 생명에 이르게 하는 것이라 경외하는 자는 족하게 지내고 재앙을 당하지 아니하느니라...(23~25절)

심판은 거만한 자를 위하여 예비된 것이요 채찍은 어리석은 자의 등을 위하여 예비된 것이니라(29절)

내가 너희와 라오디게아에 있는 자들과 무릇 내 육신의 얼굴을 보지 못한 자들을 위하여 얼마나 힘쓰는지를 너희가 알기를 원하노니...(1~4절)

그러므로 너희가 그리스도 예수를 주로 받았으니 그 안에서 행하되...(6~8절)

또 그 안에서 너희가 손으로 하지 아니한 할례를 받았으니 곧 육의 몸을 벗는 것이요 그리스도의 할례니라(11절)

또 범죄와 육체의 무할례로 죽었던 너희를 하나님이 그와 함께 살리시고 우리의 모든 죄를 사하시고...(13~16절)

머리를 붙들지 아니하는지라 온 몸이 머리로 말미암아 마디와 힘줄로 공급함을 받고 연합하여 하나님이 자라게 하시므로 자라느니라...(19~20절)

이런 것들은 자의적 숭배와 겸손과 몸을 괴롭게 하는 데는 지혜 있는 모양이나 오직 육체 따르는 것을 금하는 데는 조금도 유익이 없느니라(23절)

## Ⅲ. 묵상을 위한 질문

1. 여호와 앞에 와서 속죄제를 드려야 하는 사람은 누구일까요?(3,13,22,27)

2. 허물과 죄를 지은 자가 속죄제물을 가지고 와서 머리에 안수를 하는 이유는 무엇일까요?(4,15,24,29)

3. 시편기자는 복 있는 사람의 특징을 어떻게 설명했나요?(1~2)

4. 시편기자는 여호와와 그의 기름부음 받은 자(그의 아들)를 대적하면 어떤 결과가 온다고 했나요?(2,9,12)

5. 솔로몬은 거짓 증인에 대하여 어떤 심판이 있을 것이라고 말했나요?(5,9)

6. 솔로몬이 가장 배격한 두 가지 허물은 무엇일까요?(15,24~25,29)

7. 바울은 골로새 성도들에게 오직 무엇을 따르라고 강조하고 있나요?(2,6,19)

8. 바울은 골로새 성도들에게 무엇을 주의하고 멀리하라고 했나요?(8,16,18,20)

## IV. 기도

1. 옛 사람이 제사를 소중히 여김같이 새 사람인 우리는 예배를 사랑하게 하옵소서.
2. 일상의 삶 속에서 죄와 허물로 살아가는 자를 따라가지 않게 하옵소서.
3. 변화된 우리 그리스도인이 그릇된 가르침에 귀를 기울이지 않게 하옵소서.

### • 하나님 마음 알아가기 •

### • 나에게 주시는 말씀(암송하기) •

### • 오늘의 감사(기록하기) •

## I. 맥체인성경의 통독구조<92>

시간의 초월 즉 역사의 초월을 통해 예언과 성취를 동시에 경험할 수 있는 구조이다.

## II. 핵심구절 읽기

| 성경본문 | 레위기5장 | 시편3~4편 | 잠언20장 | 골로새서3장 |
|---|---|---|---|---|
| 통일주제 | 성별 | | | |
| 개별주제 | 거짓 증인, 부정, 헛 맹세, 불법으로부터 성별 | 대적에 대한 두려움, 주를 향한 의심으로부터 성별 | 다툼, 게으름, 거짓 된 추, 보복으로부터 성별 | 음란, 부정, 사욕, 정욕, 탐심, 비방, 불만으로부터 성별 |
| 연합내용 | **하나님과 주 예수 그리스도를 믿는 성도에게도 옛 본성과 옛 생활로 돌아가려는 죄성이 있다. 그것으로부터 자기를 다스리는 성별이 없으면 원죄로 말미암는 자범죄와 고범죄를 범하게 된다.** | | | |
| 핵심구절 | 1~7,11,15~17 19 | 3:1~4,6,8 4:1,3~8 | 1,3~5,7,10~11 13~14,17~19 21~25,27~30 | 1~3,5,8~10 12~21,23,25 |

### • 레위기 5장 - 거짓 증인, 부정, 헛 맹세, 불법으로부터 성별

만일 누구든지 저주하는 소리를 듣고서도 증인이 되어 그가 본 것이나 알고 있는 것을 알리지 아니하면 그는 자기의 죄를 져야 할 것이요 그 허물이 그에게로 돌아갈 것이며...(1~7절)

만일 그의 손이 산비둘기 두 마리나 집비둘기 두 마리에도 미치지 못하면 그의 범죄로 말미암아 고운 가루 십분의 일 에바를 예물로 가져다가 속죄제물로 드리되 이는 속죄제인즉 그 위에 기름을 붓지 말며 유향을 놓지 말고(11절)

누구든지 여호와의 성물에 대하여 부지중에 범죄하였으면 여호와께 속건제를 드리되 네가 지정한 가치를 따라 성소의 세겔로 몇 세겔 은에 상당한 흠 없는 숫양을 양 떼 중에서 끌어다가 속건제로 드려서...(15~17절)

이는 속건제니 그가 여호와 앞에 참으로 잘못을 저질렀음이니라(19절)

여호와여 나의 대적이 어찌 그리 많은지요 일어나 나를 치는 자가 많으니이다...(3편 1~4절)

천만인이 나를 에워싸 진 친다 하여도 나는 두려워하지 아니하리이다(3편 6절)

구원은 여호와께 있사오니 주의 복을 주의 백성에게 내리소서(3편 8절)

내 의의 하나님이여 내가 부를 때에 응답하소서 곤란 중에 나를 너그럽게 하셨사오니 내게 은혜를 베푸사 나의 기도를 들으소서(4편 1절)

여호와께서 자기를 위하여 경건한 자를 택하신 줄 너희가 알지어다 내가 그를 부를 때에 여호와께서 들으시리로다...(4편 3~8절)

포도주는 거만하게 하는 것이요 독주는 떠들게 하는 것이라 이에 미혹되는 자마다 지혜가 없느니라(1절)

다툼을 멀리 하는 것이 사람에게 영광이거늘 미련한 자마다 다툼을 일으키느니라...(3~5절)

온전하게 행하는 자가 의인이라 그의 후손에게 복이 있느니라(7절)

한결같지 않은 저울 추와 한결같지 않은 되는 다 여호와께서 미워하시느니라...(10~11절)

너는 잠자기를 좋아하지 말라 네가 빈궁하게 될까 두려우니라 네 눈을 뜨라 그리하면 양식이 족하리라...(13~14절)

속이고 취한 음식물은 사람에게 맛이 좋은 듯하나 후에는 그의 입에 모래가 가득하게 되리라...(17~19절)

처음에 속히 잡은 산업은 마침내 복이 되지 아니하느니라...(21~25절)

사람의 영혼은 여호와의 등불이라 사람의 깊은 속을 살피느니라...(27~30절)

그러므로 너희가 그리스도와 함께 다시 살리심을 받았으면 위의 것을 찾으라 거기는 그리스도께서 하나님 우편에 앉아 계시느니라...(1~3절)

그러므로 땅에 있는 지체를 죽이라 곧 음란과 부정과 사욕과 악한 정욕과 탐심이니 탐심은 우상 숭배니라(5절)

이제는 너희가 이 모든 것을 벗어 버리라 곧 분함과 노여움과 악의와 비방과 너희 입의 부끄러운 말이라...(8~10절)

그러므로 너희는 하나님이 택하사 거룩하고 사랑 받는 자처럼 긍휼과 자비와 겸손과 온유와 오래 참음을 옷 입고...(12~21절)

무슨 일을 하든지 마음을 다하여 주께 하듯 하고 사람에게 하듯 하지 말라(23절)

불의를 행하는 자는 불의의 보응을 받으리니 주는 사람을 외모로 취하심이 없느니라(25절)

## Ⅲ. 묵상을 위한 질문

1. 말이나 몸으로나 죄와 허물을 지었다면 어떤 제물들로 어떤 제사를 드려야 할까요?(6~7,11)

2. 여호와의 성물이나 계명을 범하면 어떤 제물로 어떤 제사를 드려야 할까요?(15,17)

3. 다윗이 아들 압살롬으로부터 어려운 일을 당하게 되었을 때 어떤 믿음으로 이겨냈나요?(1,4,6,8)

4. 다윗은 기도할 때에 응답을 위하여 무엇을 행하라고 말했나요?(4~5)

5. 솔로몬은 술에 대하여 어떤 정의를 내렸나요?(1)

6. 솔로몬은 일의 성패가 무엇과 무엇에 달려 있다고 말했나요?(4~5,13,18)

7. 바울은 골로새교회에게 무엇을 찾으며 무엇을 생각하고 무엇을 행동하라고 말했나요?(1~2,13~15)

8. 바울은 우상숭배의 정의를 어떻게 말했나요?(5)

## Ⅳ. 기도

1. 주여, 어린양의 피 주님의 보혈로 속죄함을 받는 나날의 삶이 되게 하옵소서.
2. 주여, 인간관계 속에서 억울한 일을 당했을 때 주님의 능력을 믿게 하옵소서.
3. 주여, 경건한 성품과 성숙된 생활로 날마다 주의 교회를 세워가게 하옵소서.

### • 하나님 마음 알아가기 •

### • 나에게 주시는 말씀(암송하기) •

### • 오늘의 감사(기록하기) •

## I. 맥체인성경의 통독구조<93>

구약 2장, 신약 2장을 읽을 때 제일 먼저 읽는 구약성경에서 가능한 주제를 모두 묵상하고 다음 신약을 읽을 때 연관된 주제를 찾은 후, 다음 구약 그리고 신약에서 주제를 점점 좁혀가는 묵상구조다.

## II. 핵심구절 읽기

| 성경본문 | 레위기 6장 | 시편 5~6편 | 잠언 21장 | 골로새서 4장 |
|---|---|---|---|---|
| 통일주제 | 관여 | | | |
| 개별주제 | 여호와는 제사장의 사역과 생계에 관여함 | 여호와는 자기 백성의 부르짖음에 관여함 | 여호와는 인간의 선악의 삶에 친히 관여함 | 하나님은 사역자의 전도와 기도와 삶에 관여함 |
| 연합내용 | **하나님은 천지만물을 창조하시고 지금도 다스리고 계신다. 여호와 하나님은 하나님의 일을 하는 제사장의 삶으로부터 왕 그리고 죄악가운데 살아가는 한 죄인의 언행에 이르기까지 다 관여하신다.** | | | |
| 핵심구절 | 2~5,9,12~16 20~21,25~27,30 | 5:1~3,5~7,9 11~12 6:2~7,9 | 2~6,8~9,11,13 16~17,19,21 23~24,26,30~31 | 1~3,5~11,14,16 18 |

• 레위기 6장 - 여호와는 제사장의 사역과 생계에 관여함

누구든지 여호와께 신실하지 못하여 범죄하되 곧 이웃이 맡긴 물건이나 전당물을 속이거나 도둑질하거나 착취하고도 사실을 부인하거나...(2~5절)

아론과 그의 자손에게 명령하여 이르라 번제의 규례는 이러하니라 번제물은 아침까지 제단 위에 있는 석쇠 위에 두고 제단의 불이 그 위에서 꺼지지 않게 할 것이요(9절)

제단 위의 불은 항상 피워 꺼지지 않게 할지니 제사장은 아침마다 나무를 그 위에서 태우고 번제물을 그 위에 벌여 놓고 화목제의 기름을 그 위에서 불사를지며...(12~16절)

아론과 그의 자손이 기름 부음을 받는 날에 여호와께 드릴 예물은 이러하니라 고운 가루 십분의 일 에바를 항상 드리는 소제물로 삼아 그 절반은 아침에, 절반은 저녁에 드리되...(20~21절)

아론과 그의 아들들에게 말하여 이르라 속죄제의 규례는 이러하니라 속죄제 제물은 지극히 거룩하니 여호와 앞 번제물을 잡는 곳에서 그 속죄제 제물을 잡을 것이요...(25~27절)

그러나 피를 가지고 회막에 들어가 성소에서 속죄하게 한 속죄제 제물의 고기는 먹지 못할지니 불사를지니라(30절)

## • 시편 5~6편 - 여호와는 자기 백성의 부르짖음에 관여함

여호와여 나의 말에 귀를 기울이사 나의 심정을 헤아려 주소서...(5편 1~3절)

오만한 자들이 주의 목전에 서지 못하리이다 주는 모든 행악자를 미워하시며...(5편 5~7절)

그들의 입에 신실함이 없고 그들의 심중이 심히 악하며 그들의 목구멍은 열린 무덤 같고 그들의 혀로는 아첨하나이다(5편 9절)

그러나 주께 피하는 모든 사람은 다 기뻐하며 주의 보호로 말미암아 영원히 기뻐 외치고 주의 이름을 사랑하는 자들은 주를 즐거워하리이다...(5편 11~12절)

여호와여 내가 수척하였사오니 내게 은혜를 베푸소서 여호와여 나의 뼈가 떨리오니 나를 고치소서...(6편 2~7절)

여호와께서 내 간구를 들으셨음이여 여호와께서 내 기도를 받으시리로다(6편 9절)

## • 잠언 21장 - 여호와는 인간의 선악의 삶에 친히 관여함

사람의 행위가 자기 보기에는 모두 정직하여도 여호와는 마음을 감찰하시느니라...(2~6절)

죄를 크게 범한 자의 길은 심히 구부러지고 깨끗한 자의 길은 곧으니라...(8~9절)

거만한 자가 벌을 받으면 어리석은 자도 지혜를 얻겠고 지혜로운 자가 교훈을 받으면 지식이 더하리라(11절)

귀를 막고 가난한 자가 부르짖는 소리를 듣지 아니하면 자기가 부르짖을 때에도 들을 자가 없으리라(13절)

명철의 길을 떠난 사람은 사망의 회중에 거하리라...(16~17절)

다투며 성내는 여인과 함께 사는 것보다 광야에서 사는 것이 나으니라(19절)

공의와 인자를 따라 구하는 자는 생명과 공의와 영광을 얻느니라(21절)

입과 혀를 지키는 자는 자기의 영혼을 환난에서 보전하느니라...(23~24절)

어떤 자는 종일토록 탐하기만 하나 의인은 아끼지 아니하고 베푸느니라(26절)

지혜로도 못하고, 명철로도 못하고 모략으로도 여호와를 당하지 못하느니라...(30~31절)

### • 골로새서 4장 - 하나님은 사역자의 전도와 기도와 삶에 관여함

상전들아 의와 공평을 종들에게 베풀지니 너희에게도 하늘에 상전이 계심을 알지어다...(1~3절)

외인에게 대해서는 지혜로 행하여 세월을 아끼라...(5~11절)

사랑을 받는 의사 누가와 또 데마가 너희에게 문안하느니라(14절)

이 편지를 너희에게서 읽은 후에 라오디게아인의 교회에서도 읽게 하고 또 라오디게아로부터 오는 편지를 너희도 읽으라(16절)

나 바울은 친필로 문안하노니 내가 매인 것을 생각하라 은혜가 너희에게 있을지어다(18절)

## Ⅲ. 묵상을 위한 질문

1. 아론과 그의 자손이 번제를 드릴 때 반드시 지켜야 할 내용은 무엇일까요?(9,12)

2. 아론과 그의 아들들이 먹는 음식은 무엇일까요?(15~16,25~26)

3. 다윗은 여호와 하나님이 어떤 자를 기뻐하지 않으신다고 말했나요?(4~6,9)

4. 다윗은 여호와께서 자신의 간절한 기도에 대해 어떻게 하셨다고 말했나요?(2,9)

5. 솔로몬은 어떤 여인과 사는 것이 불행이라고 말했나요?(9,19)

6. 솔로몬은 이 세상과 사람들의 삶 속에서 하나님이 어떤 일을 하신다고 말했나요?(1~2,12,30~31)

7. 바울은 골로새교회에게 기도에 대해서 어떤 세 가지 교훈을 했나요?(2~3)

8. 바울은 골로새교회에게 마지막 인사를 하면서 어떤 동역자들을 소개하고 있나요?(7~14)

## IV. 기도

1. 주여, 주의 종과 모든 성도들에게 일용할 양식을 보장하여 주옵소서.
2. 주여, 하나님을 기쁘시게 하는 자로 살아갈 수 있는 지식과 의지를 주옵소서.
3. 주여, 평생에 기억하고 다른이에게 추천할 수 있는 사역의 동역자를 주옵소서.

### • 하나님 마음 알아가기 •

### • 나에게 주시는 말씀(암송하기) •

### • 오늘의 감사(기록하기) •

# 성숙

## Ⅰ. 맥체인성경의 통독구조<94>

기존성경은 권마다 줄거리를 가지고 있다. 그러므로 맥체인성경을 묵상할 때도 신구약 4장의 내용의 공통주제를 찾은 후 그 다음 4장의 공통주제를 찾을 때 연속적으로 연관된 내용이 되도록 묵상함이 바람직하다.

## Ⅱ. 핵심구절 읽기

| 성경본문 | 레위기 7장 | 시편 7~8편 | 잠언 22장 | 데살로니가전서 1장 |
|---|---|---|---|---|
| 통일주제 | 성숙(단계를 거쳐서 일반적으로 기대되는 정도에 오름) | | | |
| 개별주제 | 하나님 앞에 화목제사 를 드리는 신앙의 성숙 | 하나님 앞에 찬양을 올리는 영혼의 성숙 | 하나님 앞에 겸손과 구제를 인정받는 삶의 성숙 | 환난 중에 말씀을 받아 믿는자들에게 본을 보이는 성숙 |
| 연합내용 | **하나님의 형상을 따라 지음받은 사람은 관계를 소중히 여기는 존재로 창조된 것이다. 따라서 하나님과의 관계와 사람과의 관계를 바로 세워가야 한다. 바른 관계는 오직 성숙으로만 가능하다.** | | | |
| 핵심구절 | 1~5,7~14,16,18 25~26,30~32,34 37~38 | 7:1~6,8 10~12,17 8:1~6 | 2,4~6,9~11,13 15,19~21,23~24 28~29 | 1~3,5~7,9~10 |

### • 레위기 7장 - 하나님 앞에 화목 제사를 드리는 신앙의 성숙

속건제의 규례는 이러하니라 이는 지극히 거룩하니...(1~5절)

속죄제와 속건제는 규례가 같으니 그 제물은 속죄하는 제사장에게로 돌아갈 것이요...(7~14절)

그러나 그의 예물의 제물이 서원이나 자원하는 것이면 그 제물을 드린 날에 먹을 것이요 그 남은 것은 이튿날에도 먹되(16절)

만일 그 화목제물의 고기를 셋째 날에 조금이라도 먹으면 그 제사는 기쁘게 받아들여지지 않을 것이라 드린 자에게도 예물답게 되지 못하고 도리어 가증한 것이 될 것이며 그것을 먹는 자는 그 죄를 짊어지리라(18절)

사람이 여호와께 화제로 드리는 제물의 기름을 먹으면 그 먹는 자는 자기 백성 중에서

끊어지리라...(25~26절)

여호와의 화제물은 그 사람이 자기 손으로 가져올지니 곧 그 제물의 기름과 가슴을 가져올 것이요 제사장은 그 가슴을 여호와 앞에 흔들어 요제를 삼고...(30~32절)

내가 이스라엘 자손의 화목제물 중에서 그 흔든 가슴과 든 뒷다리를 가져다가 제사장 아론과 그의 자손에게 주었나니 이는 이스라엘 자손에게서 받을 영원한 소득이니라 (34절)

이는 번제와 소제와 속죄제와 속건제와 위임식과 화목제의 규례라...(37~38절)

### • 시편 7~8편 - 하나님 앞에 찬양을 올리는 영혼의 성숙

여호와 내 하나님이여 내가 주께 피하오니 나를 쫓아오는 모든 자들에게서 나를 구원하여 내소서...(7편 1~6절)

여호와께서 만민에게 심판을 행하시오니 여호와여 나의 의와 나의 성실함을 따라 나를 심판하소서(7편 8절)

나의 방패는 마음이 정직한 자를 구원하시는 하나님께 있도다...(7편 10~12절)

내가 여호와께 그의 의를 따라 감사함이여 지존하신 여호와의 이름을 찬양하리로다(7편 17절)

여호와 우리 주여 주의 이름이 온 땅에 어찌 그리 아름다운지요 주의 영광이 하늘을 덮었나이다...(8편 1~6절)

### • 잠언 22장 - 하나님 앞에 겸손과 구제를 인정받는 삶의 성숙

가난한 자와 부한 자가 함께 살거니와 그 모두를 지으신 이는 여호와시니라(2절)

겸손과 여호와를 경외함의 보상은 재물과 영광과 생명이니라...(4~6절)

선한 눈을 가진 자는 복을 받으리니 이는 양식을 가난한 자에게 줌이니라...(9~11절)

게으른 자는 말하기를 사자가 밖에 있은즉 내가 나가면 거리에서 찢기겠다 하느니라 (13절)

아이의 마음에는 미련한 것이 얽혔으나 징계하는 채찍이 이를 멀리 쫓아내리라(15절)

내가 네게 여호와를 의뢰하게 하려 하여 이것을 오늘 특별히 네게 알게 하였노니...(19~21절)

대저 여호와께서 신원하여 주시고 또 그를 노략하는 자의 생명을 빼앗으시리라...(23~24절)

네 선조가 세운 옛 지계석을 옮기지 말지니라...(28~29절)

## • 데살로니가전서 1장 - 환난 중에 말씀을 받아 믿는 자들에게 본을 보이는 성숙

바울과 실루아노와 디모데는 하나님 아버지와 주 예수 그리스도 안에 있는 데살로니가인의 교회에 편지하노니 은혜와 평강이 너희에게 있을지어다...(1~3절)

이는 우리 복음이 너희에게 말로만 이른 것이 아니라 또한 능력과 성령과 큰 확신으로 된 것임이라 우리가 너희 가운데서 너희를 위하여 어떤 사람이 된 것은 너희가 아는 바와 같으니라...(5~7절)

그들이 우리에 대하여 스스로 말하기를 우리가 어떻게 너희 가운데에 들어갔는지와 너희가 어떻게 우상을 버리고 하나님께로 돌아와서 살아 계시고 참되신 하나님을 섬기는지와...(9~10절)

## Ⅲ. 묵상을 위한 질문

1. 속건제와 화목제를 드릴 때 제단 위에서 제물의 모든 기름을 태우는 이유는 무엇일까요?(3~5,31)

2. 여호와께 드리는 화목제는 어떤 목적으로 드리는 것일까요?(15~16)

3. 어려운 일을 만난 다윗이 하나님 앞에서 자신있어했던 점은 무엇일까요?(3~5,8)

4. 다윗이 여호와의 이름을 찬양할 때 무엇을 보고 찬양을 했나요?(2~4,6~9)

5. 솔로몬은 다음세대인 자녀를 어떻게 교육하라고 했나요?(6,15)

6. 솔로몬은 여호와를 경외하는 자가 어떻게 구제해야 한다고 했나요?(4,9,23)

7. 바울은 데살로니가교회의 어떤 모습을 칭찬했나요?(3,7,9~10)

8. 바울은 데살로니가전서를 통해 그리스도인의 참 모습이 어떠해야 할 것을 강조하고 있나요?(6~7)

## Ⅳ. 기도

1. 주여, 하나님의 기뻐하시고 선하시고 온전하신 뜻을 따라 예배하게 하옵소서.
2. 주여, 하나님께 기도하며 찬양하기 전에 먼저 성숙한 생활을 하게 하옵소서.
3. 주여, 모든 믿는 자들 앞에 본이 될 수 있도록 성숙함을 이루게 하옵소서.

### • 하나님 마음 알아가기 •

### • 나에게 주시는 말씀(암송하기) •

### • 오늘의 감사(기록하기) •

## Ⅰ. 맥체인성경의 통독구조<95>

신구약 4장은 각 장마다 주제를 가지고 있다. 그 각 장의 개별주제를 서로 연결하여 연합내용을 작성한다. 이 때 연합내용은 통일주제를 설명하는 핵심내용이 되는 구조다.

## Ⅱ. 핵심구절 읽기

| 성경본문 | 레위기 8장 | 시편 9편 | 잠언 23장 | 데살로니가전서 2장 |
|---|---|---|---|---|
| 통일주제 | 반포(어떤 일이나 내용을 널리 퍼뜨려 드러냄) | | | |
| 개별주제 | 아론과 그의 아들들에게 제사장권이 위임됨을 반포 | 온 백성에게 하나님의 의와 심판과 행사를 반포 | 다음세대에게 음식과 술을 탐하는 자의 결말을 반포 | 데살로니가교회에게 참된 복음만 전했음을 글로 반포 |
| 연합내용 | **하나님은 사람을 통해서 일하신다. 그래서 사람을 선택하시고 복음과 직분을 위임하신다. 이들을 통해 금해야 할 것과 추구해야 할 것을 가르치신 후 그 결과를 심판하신다. 이 모든 과정을 주의 일꾼을 통해 반포하신다.** | | | |
| 핵심구절 | 4~10,12,14,18 22,24~28,30 34~35 | 1~2,4,7~11,14 16~17,20 | 1,3~7,12~14 17~18,20~22,25 29~35 | 2~9,13~14,19~20 |

### • 레위기 8장 - 아론과 그의 아들들에게 제사장권이 위임됨을 반포

모세가 여호와께서 자기에게 명령하신 대로 하매 회중이 회막 문에 모인지라...(4~10절)

또 관유를 아론의 머리에 붓고 그에게 발라 거룩하게 하고(12절)

모세가 또 속죄제의 수송아지를 끌어오니 아론과 그의 아들들이 그 속죄제의 수송아지 머리에 안수하매(14절)

또 번제의 숫양을 드릴새 아론과 그의 아들들이 그 숫양의 머리에 안수하매(18절)

또 다른 숫양 곧 위임식의 숫양을 드릴새 아론과 그의 아들들이 그 숫양의 머리에 안수하매(22절)

아론의 아들들을 데려다가 모세가 그 오른쪽 귓부리와 그들의 손의 오른쪽 엄지 손가락과 그들의 발의 오른쪽 엄지 발가락에 그 피를 바르고 또 모세가 그 피를 제단 사방

에 뿌리고...(24~28절)

모세가 관유와 제단 위의 피를 가져다가 아론과 그의 옷과 그의 아들들과 그의 아들들의 옷에 뿌려서 아론과 그의 옷과 그의 아들들과 그의 아들들의 옷을 거룩하게 하고 (30절)

오늘 행한 것은 여호와께서 너희를 위하여 속죄하게 하시려고 명령하신 것이니...(34~35절)

## • 시편 9편 - 온 백성에게 하나님의 의와 심판과 행사를 반포

내가 전심으로 여호와께 감사하오며 주의 모든 기이한 일들을 전하리이다...(1~2절)

주께서 나의 의와 송사를 변호하셨으며 보좌에 앉으사 의롭게 심판하셨나이다(4절)

여호와께서 영원히 앉으심이여 심판을 위하여 보좌를 준비하셨도다...(7~11절)

그리하시면 내가 주의 찬송을 다 전할 것이요 딸 시온의 문에서 주의 구원을 기뻐하리이다(14절)

여호와께서 자기를 알게 하사 심판을 행하셨음이여 악인은 자기가 손으로 행한 일에 스스로 얽혔도다...(16~17절)

여호와여 그들을 두렵게 하시며 이방 나라들이 자기는 인생일 뿐인 줄 알게 하소서 (20절)

## • 잠언 23장 - 다음 세대에게 음식과 술을 탐하는 자의 결말을 반포

네가 관원과 함께 앉아 음식을 먹게 되거든 삼가 네 앞에 있는 자가 누구인지를 생각하며(1절)

그의 맛있는 음식을 탐하지 말라 그것은 속이는 음식이니라...(3~7절)

훈계에 착심하며 지식의 말씀에 귀를 기울이라...(12~14절)

네 마음으로 죄인의 형통을 부러워하지 말고 항상 여호와를 경외하라...(17~18절)

술을 즐겨 하는 자들과 고기를 탐하는 자들과도 더불어 사귀지 말라...(20~22절)

네 부모를 즐겁게 하며 너를 낳은 어미를 기쁘게 하라(25절)

재앙이 뉘게 있느뇨 근심이 뉘게 있느뇨 분쟁이 뉘게 있느뇨 원망이 뉘게 있느뇨 까닭 없는 상처가 뉘게 있느뇨 붉은 눈이 뉘게 있느뇨...(29~35절)

너희가 아는 바와 같이 우리가 먼저 빌립보에서 고난과 능욕을 당하였으나 우리 하나님을 힘입어 많은 싸움 중에 하나님의 복음을 너희에게 전하였노라...(2~9절)

이러므로 우리가 하나님께 끊임없이 감사함은 너희가 우리에게 들은 바 하나님의 말씀을 받을 때에 사람의 말로 받지 아니하고 하나님의 말씀으로 받음이니 진실로 그러하도다 이 말씀이 또한 너희 믿는 자 가운데에서 역사하느니라...(13~14절)

우리의 소망이나 기쁨이나 자랑의 면류관이 무엇이냐 그가 강림하실 때 우리 주 예수 앞에 너희가 아니냐...(19~20절)

## III. 묵상을 위한 질문

1. 모세가 아론과 그의 아들들에게 행한 최초의 속죄제와 번제는 무슨 목적으로 드렸나요?(22,28,33)

2. 아론과 그의 아들들이 제사장 위임식 제사를 행한 이유는 무엇일까요?(4,34)

3. 다윗은 악하고 불의한 세상을 향해 하나님의 어떤 속성을 선포했나요?(4,7~8)

4. 다윗은 하나님을 떠난 인생의 최후가 어떻게 될 것이라고 말했나요?(16~17)

5. 솔로몬이 음식 먹는 것을 주의하라고 교훈한 이유는 무엇일까요?(1,3,6~8)

6. 솔로몬은 술의 폐해와 결과를 어떻게 설명했나요?(20,29~35)

7. 바울은 데살로니가교회에게 어떤 자의 자세로 복음을 전했나요?(7,11)

8. 바울은 데살로니가교회의 어떤 모습을 칭찬하고 격려했나요?(13~14,19~20)

## Ⅳ. 기도

1. 주여, 주의 종으로 기름부으신 사역자들의 말씀을 잘 따르게 하옵소서.
2. 주여, 먹고 마시는 일로 인하여 죄를 범하지 않게 하옵소서.
3. 주여, 저희에게 유모와 아버지의 마음을 주사 새 영혼을 잘 돌보게 하옵소서.

### • 하나님 마음 알아가기 •

### • 나에게 주시는 말씀(암송하기) •

### • 오늘의 감사(기록하기) •

## I. 맥체인성경의 통독구조<96>

성경을 읽으면서 하나님의 모습, 신앙인의 모습, 대적자의 모습, 주어진 환경등을 분류하면서 세심하게 읽으면 공통주제를 더 쉽게 발견할 수 있는 구조다.

## II. 핵심구절 읽기

| 성경본문 | 레위기 9장 | 시편 10편 | 잠언 24장 | 데살로니가전서 3장 |
|---|---|---|---|---|
| 통일주제 | 무장(어떤 일을 하거나 그에 대응할 마음의 자세나 기술 따위를 갖춤) | | | |
| 개별주제 | 제사를 통해 속죄함을 받고 거룩으로 무장 | 불신자의 박해 속에서 주의 역사를 믿고 기도로 무장 | 악인과 사악한 자 속에서 주의 뜻을 알고 의로 무장 | 궁핍과 환난 속에서 믿음과 사랑으로 무장 |
| 연합내용 | **공중권세 잡은 자인 마귀가 다스리는 세상은 악하므로 항상 죄악에 노출되어 있다. 그러므로 주의 자녀는 주를 향한 예배와 주의 역사하심에 대한 절대적 믿음과 주의 뜻에 따른 덕으로 무장되어 있어야 한다.** | | | |
| 핵심구절 | 2~7,22~24 | 3~4,6~8,11,14 17~18 | 1,3~4,6,9~10 12~14,16~19 25~27,33~34 | 2~8,12~13 |

### • 레위기 9장 - 제사를 통해 속죄함을 받고 거룩으로 무장

아론에게 이르되 속죄제를 위하여 흠 없는 송아지를 가져오고 번제를 위하여 흠 없는 숫양을 여호와 앞에 가져다 드리고...(2~7절)
아론이 백성을 향하여 손을 들어 축복함으로 속죄제와 번제와 화목제를 마치고 내려오니라...(22~24절)

### • 시편 10편 - 불신자의 박해 속에서 주의 역사를 믿고 기도로 무장

악인은 그의 마음의 욕심을 자랑하며 탐욕을 부리는 자는 여호와를 배반하여 멸시하나이다...(3~4절)
그의 마음에 이르기를 나는 흔들리지 아니하며 대대로 환난을 당하지 아니하리라 하

나이다..(6~8절)

그가 그의 마음에 이르기를 하나님이 잊으셨고 그의 얼굴을 가리셨으니 영원히 보지 아니하시리라 하나이다(11절)

주께서는 보셨나이다 주는 재앙과 원한을 감찰하시고 주의 손으로 갚으려 하시오니 외로운 자가 주를 의지하나이다 주는 벌써부터 고아를 도우시는 이시니이다 (14절)

여호와여 주는 겸손한 자의 소원을 들으셨사오니 그들의 마음을 준비하시며 귀를 기울여 들으시고...(17~18절)

## • 잠언 24장 - 악인과 사악한 자 속에서 주의 뜻을 알고 의로 무장

너는 악인의 형통함을 부러워하지 말며 그와 함께 있으려고 하지도 말지어다(1절)

집은 지혜로 말미암아 건축되고 명철로 말미암아 견고하게 되며...(3~4절)

너는 전략으로 싸우라 승리는 지략이 많음에 있느니라(6절)

미련한 자의 생각은 죄요 거만한 자는 사람에게 미움을 받느니라...(9~10절)

네가 말하기를 나는 그것을 알지 못하였노라 할지라도 마음을 저울질 하시는 이가 어찌 통찰하지 못하시겠으며 네 영혼을 지키시는 이가 어찌 알지 못하시겠느냐 그가 각 사람의 행위대로 보응하시리라...(12~14절)

대저 의인은 일곱 번 넘어질지라도 다시 일어나려니와 악인은 재앙으로 말미암아 엎드러지느니라...(16~19절)

오직 그를 견책하는 자는 기쁨을 얻을 것이요 또 좋은 복을 받으리라...(25~27절)

네가 좀더 자자, 좀더 졸자, 손을 모으고 좀더 누워 있자 하니...(33~34절)

## • 데살로니가전서 3장 - 궁핍과 환난 속에서 믿음과 사랑으로 무장

우리 형제 곧 그리스도의 복음을 전하는 하나님의 일꾼인 디모데를 보내노니 이는 너희를 굳건하게 하고 너희 믿음에 대하여 위로함으로...(2~8절)

또 주께서 우리가 너희를 사랑함과 같이 너희도 피차간과 모든 사람에 대한 사랑이 더욱 많아 넘치게 하사...(12~13절)

## Ⅲ. 묵상을 위한 질문

1. 모세는 여호와께 어떤 제사들을 드리라고 아론에게 명령했나요?(2~4,8,12,15~18)

2. 아론이 제사를 마치고 백성을 축복했을 때 어떤 일이 일어났나요?(22~24)

3. 교만하고 악한 자의 공통점은 무엇을 부인할까요?(4,11,13)

4. 시편 기자가 고난과 환난 속에 있을 때 주관적으로 느낀 여호와의 행하심을 보고 어떠한 내용으로 기도를 드렸나요?(1~2,12,15)

5. 솔로몬은 마음을 저울질하고 영혼을 지키시는 하나님이 사람의 어떤 태도를 살피시고 보응하신다고 말했나요?(11~12,17~18)

6. 솔로몬은 의인의 강점을 어떻게 설명했나요?(16)

7. 왜 바울은 데살로니가교회에 디모데를 보냈나요?(2~3)

8. 디모데는 바울에게 데살로니가교회에 대하여 어떤 내용을 보고했나요?(6~8)

## Ⅳ. 기도

1. 주여, 하나님께 온전한 예배를 드리므로 축복의 문을 열게 하옵소서.
2. 주여, 불신자의 악함을 두려워 말고 의로우신 주님의 능력을 믿게 하옵소서.
3. 주여, 데살로니가교회처럼 믿음과 사랑을 인정받는 우리가 되게 하옵소서.

• 나에게 주시는 말씀(암송하기) •

• 오늘의 감사(기록하기) •

## I. 맥체인성경의 통독구조<97>

맥체인성경의 바른 통독은 읽는 속도보다 읽는 자세에 있다. 신약과 구약의 각각 두 장을 필사하듯 정리하면서 깊이 묵상하는 자세로 읽어나가면 지혜의 은사를 경험할 수 있는 신비로운 구조이다. 더 나아가 통독을 뛰어넘어 정독의 영적 구조이다.

## II. 핵심구절 읽기

| 성경본문 | 레위기 10장 | 시편 11~12편 | 잠언 25장 | 데살로니가전서 4장 |
|---|---|---|---|---|
| 통일주제 | 원칙(많은 경우에 두루 적용되는 기본적인 규칙이나 법칙) | | | |
| 개별주제 | 제사장이 제사를 집 례할 때에 지켜야 할 원칙 | 여호와 하나님이 악 인과 의인을 다스리 는 원칙 | 왕과 백성이 인간관 계 속에서 지켜야 할 원칙 | 데살로니가교회의 참된 성도가 지켜야 할 원칙 |
| 연합내용 | **하나님의 말씀은 명령이요 사람에게는 삶의 원칙이다. 제사를 집례하는 제사장의 수 행원칙, 성도의 필수원칙, 남녀노소 고하를 막론하고 인간관계 속에서 지켜야 할 하 나님의 명령인 기본원칙이 있는 것이다.** | | | |
| 핵심구절 | 1~2,6~7,9~11 14,16~20 | 11:4~7 12:3~6 | 1~6,9~11,13,15 17~18,20~22 24~26,28 | 1,3~5,7~11 14~17 |

## • 레위기 10장 - 제사장이 제사를 집례할 때에 지켜야 할 원칙

아론의 아들 나답과 아비후가 각기 향로를 가져다가 여호와께서 명령하시지 아니하 신 다른 불을 담아 여호와 앞에 분향하였더니...(1~2절)

모세가 아론과 그의 아들 엘르아살과 이다말에게 이르되 너희는 머리를 풀거나 옷을 찢지 말라 그리하여 너희가 죽음을 면하고 여호와의 진노가 온 회중에게 미침을 면하 게 하라 오직 너희 형제 이스라엘 온 족속은 여호와께서 치신 불로 말미암아 슬퍼할 것이니라...(6~7절)

너와 네 자손들이 회막에 들어갈 때에는 포도주나 독주를 마시지 말라 그리하여 너희 죽음을 면하라 이는 너희 대대로 지킬 영영한 규례라...(9~11절)

흔든 가슴과 들어올린 뒷다리는 너와 네 자녀가 너와 함께 정결한 곳에서 먹을지니 이

는 이스라엘 자손의 화목제물 중에서 네 소득과 네 아들들의 소득으로 주신 것임이니라(14절)

모세가 속죄제 드린 염소를 찾은즉 이미 불살랐는지라 그가 아론의 남은 아들 엘르아살과 이다말에게 노하여 이르되...(16~20절)

## • 시편 11~12편 - 여호와 하나님이 악인과 의인을 다스리는 원칙

여호와께서는 그의 성전에 계시고 여호와의 보좌는 하늘에 있음이여 그의 눈이 인생을 통촉하시고 그의 안목이 그들을 감찰하시도다...(11편 4~7절)

여호와께서 모든 아첨하는 입술과 자랑하는 혀를 끊으시리니...(12편 3~6절)

## • 잠언 25장 - 왕과 백성이 인간관계 속에서 지켜야 할 원칙

이것도 솔로몬의 잠언이요 유다 왕 히스기야의 신하들이 편집한 것이니라...(1~6절)

너는 이웃과 다투거든 변론만 하고 남의 은밀한 일은 누설하지 말라...(9~11절)

충성된 사자는 그를 보낸 이에게 마치 추수하는 날에 얼음 냉수 같아서 능히 그 주인의 마음을 시원하게 하느니라(13절)

오래 참으면 관원도 설득할 수 있나니 부드러운 혀는 뼈를 꺾느니라(15절)

너는 이웃집에 자주 다니지 말라 그가 너를 싫어하며 미워할까 두려우니라...(17~18절)

마음이 상한 자에게 노래하는 것은 추운 날에 옷을 벗음 같고 소다 위에 식초를 부음 같으니라...(20~22절)

다투는 여인과 함께 큰 집에서 사는 것보다 움막에서 혼자 사는 것이 나으니라...(24~26절)

자기의 마음을 제어하지 아니하는 자는 성읍이 무너지고 성벽이 없는 것과 같으니라(28절)

## • 데살로니가전서 4장 - 데살로니가교회의 참된 성도가 지켜야 할 원칙

그러므로 형제들아 우리가 끝으로 주 예수 안에서 너희에게 구하고 권면하노니 너희가 마땅히 어떻게 행하며 하나님을 기쁘시게 할 수 있는지를 우리에게 배웠으니 곧 너

희가 행하는 바라 더욱 많이 힘쓰라(1절)

하나님의 뜻은 이것이니 너희의 거룩함이라 곧 음란을 버리고...(3~5절)

하나님이 우리를 부르심은 부정하게 하심이 아니요 거룩하게 하심이니...(7~11절)

우리가 예수께서 죽으셨다가 다시 살아나심을 믿을진대 이와 같이 2)예수 안에서 자
는 자들도 하나님이 그와 함께 데리고 오시리라...(14~17절)

## Ⅲ. 묵상을 위한 질문

1. 아론의 아들 나답과 아비후가 여호와 앞에서 죽은 이유는 무엇일까요?(1~2)

2. 제사장이 회막에 들어갈 때에 지켜야 할 원칙(명령)은 무엇일까요?(9~10)

3. 다윗은 여호와 하나님이 인생에 대해서 어떻게 하신다고 고백했나요?(4~5,7)

4. 다윗은 여호와 하나님의 말씀이 무엇과 같다고 고백했나요?(6)

5. 솔로몬은 왕처럼 위에 있는 자들에게 어떤 주의사항을 말해 주었나요?(2,5)

6. 솔로몬은 인간관계에 있어서 어떤 덕목을 강조했나요?(13,15,20,28)

7. 바울은 데살로니가교회에게 무엇이 하나님의 뜻이라고 가르쳤나요?(3~5,7)

8. 바울은 죽은 자와 산 자의 부활에 대하여 어떻게 말했나요?(14~17)

## Ⅳ. 기도

1. 주여, 목회자가 합당한 기준으로 충성하여 온 성도의 본이 되게 하옵소서.
2. 주여, 하나님 말씀을 깊이 묵상하고 감동 속에 실천하는 자가 되게 하옵소서.
3. 주여, 하나님의 뜻을 알아 마지막 때에 부활의 소망을 갖고 인내하게 하옵소서.

## • 하나님 마음 알아가기 •

## • 나에게 주시는 말씀(암송하기) •

## • 오늘의 감사(기록하기) •

## I. 맥체인성경의 통독구조<98>

워드링크를 할 때 꼭 네 장중에 같은 단어만을 뽑는 것은 아니다. 한 단어만 뽑더라도 다른 장에서 비슷한 단어가 나오면 연결할 수 있다. 전혀 단어로 연결이 되지 않을 때는 네 장의 모든 내용을 담을 수 있는 새로운 단어를 제시하면 된다.

## II. 핵심구절 읽기

| 성경본문 | 레위기 11~12장 | 시편 13~14편 | 잠언 26장 | 데살로니가전서 5장 |
|---|---|---|---|---|
| 통일주제 | 경계(사물이 어떠한 기준에 의하여 나누어지는 한계) | | | |
| 개별주제 | 정결한 것과 부정한 것의 경계 | 믿는 자와 믿지 않는 자의 경계 | 미련한 자와 지혜로운 자의 경계 | 빛의 아들과 어둠의 자식의 경계 |
| 연합내용 | **우리가 사는 세상은 성과 속, 의와 죄, 선과 악이 존재한다. 믿는 성도인 그리스도인에게는 그 모든 것에 경계가 있다. 이를 분명히 할 때 구원받은 자기의 영혼을 지킬 수 있다.** | | | |
| 핵심구절 | 11:3~10,13~22 29~30,44~45 12:2~6,8 | 13:1~5 14:1~3,6~7 | 1~3,6~11,14~17 20,24~25 | 1~5,8~10,13~23 |

### • 레위기 11~12장 - 정결한 것과 부정한 것의 경계

모든 짐승 중 굽이 갈라져 쪽발이 되고 새김질하는 것은 너희가 먹되...(11장 3~10절)

새 중에 너희가 가증히 여길 것은 이것이라 이것들이 가증한즉 먹지 말지니 곧 독수리와 솔개와 물수리와...(11장 13~22절)

땅에 기는 길짐승 중에 네게 부정한 것은 이러하니 곧 두더지와 쥐와 큰 도마뱀 종류와...(11장 29~30절)

나는 여호와 너희의 하나님이라 내가 거룩하니 너희도 몸을 구별하여 거룩하게 하고 땅에 기는 길짐승으로 말미암아 스스로 더럽히지 말라...(11장 44~45절)

이스라엘 자손에게 말하여 이르라 여인이 임신하여 남자를 낳으면 그는 이레 동안 부정하리니 곧 월경할 때와 같이 부정할 것이며...(12장 2~6절)

그 여인이 어린 양을 바치기에 힘이 미치지 못하면 산비둘기 두 마리나 집비둘기 새끼 두 마리를 가져다가 하나는 번제물로, 하나는 속죄제물로 삼을 것이요 제사장은 그를 위하여 속죄할지니 그가 정결하리라(12장 8절)

## • 시편 13~14편 - 믿는 자와 믿지 않는 자의 경계

여호와여 어느 때까지니이까 나를 영원히 잊으시나이까 주의 얼굴을 나에게서 어느 때까지 숨기시겠나이까...(13편 1~5절)
어리석은 자는 그의 마음에 이르기를 하나님이 없다 하는도다 그들은 부패하고 그 행실이 가증하니 선을 행하는 자가 없도다...(14편 1~3절)
너희가 가난한 자의 계획을 부끄럽게 하나 오직 여호와는 그의 피난처가 되시도다...(14편 6~7절)

## • 잠언 26장 - 미련한 자와 지혜로운 자의 경계

미련한 자에게는 영예가 적당하지 아니하니 마치 여름에 눈 오는 것과 추수 때에 비 오는 것 같으니라...(1~3절)
미련한 자 편에 기별하는 것은 자기의 발을 베어 버림과 해를 받음과 같으니라...(6~11절)
문짝이 돌쩌귀를 따라서 도는 것 같이 게으른 자는 침상에서 도느니라...(14~17절)
나무가 다하면 불이 꺼지고 말쟁이가 없어지면 다툼이 쉬느니라(20절)
원수는 입술로는 꾸미고 속으로는 속임을 품나니...(24~25절)

## • 데살로니가전서 5장 - 빛의 아들과 어둠의 자식의 경계

형제들아 때와 시기에 관하여는 너희에게 쓸 것이 없음은...(1~5절)
우리는 낮에 속하였으니 정신을 차리고 믿음과 사랑의 호심경을 붙이고 구원의 소망의 투구를 쓰자...(8~10절)
그들의 역사로 말미암아 사랑 안에서 가장 귀히 여기며 너희끼리 화목하라...(13~23절)

## Ⅲ. 묵상을 위한 질문

1. 여호와께서 말씀하신 정한 짐승과 부정한 짐승은 무엇으로 구분할까요?(3,9,21,41)

2. 부정한 짐승으로 인하여 어떤 물건이 부정해졌다면 어떻게 처리해야 될까요?(32~33,35)

3. 다윗은 원수 앞에서 여호와 하나님께 어떤 간절한 기도를 드렸나요?(3)

4. 다윗은 인생 중 어리석은 자가 보이는 두 가지 특징을 무엇이라고 했나요?(1,3)

5. 솔로몬이 말한 미련한 자의 대표적인 특징은 무엇일까요?(4,6~7,9,11)

6. 솔로몬은 인간관계 속에서 다툼의 시작과 끝을 어떻게 말했나요?(17,20~21)

7. 바울은 데살로니가교회에게 재림의 시기에 대해서 어떻게 말했나요?(1~3,23)

8. 바울은 데살로니가교회에게 빛의 아들의 특징과 그에 따른 생활을 어떻게 말했나요?(5~6,8,14~18)

## Ⅳ. 기도

1. 주여, 저희로 하여금 부정한 것의 유혹을 물리치고 더욱 멀리하게 하옵소서.
2. 주여, 하나님과 예수님을 부정하는 모든 사람들을 속히 구원하여 주옵소서.
3. 주여. 재림의 징조와 때를 분별하고 빛의 자녀로 온전히 살아가게 하옵소서.

## • 하나님 마음 알아가기 •

## • 나에게 주시는 말씀(암송하기) •

## • 오늘의 감사(기록하기) •

## Ⅰ. 맥체인성경의 통독구조<99>

성경을 읽을 때 비행기를 타고 지나가듯 읽을 수 있으며 기차를 타고 지나가듯 읽을 수도 있다. 또한 자전거나 걸어가면서 가까이 보듯 읽을 수도 있다. 반면 맥체인성경은 입체적이며 전체대강의 줄거리를 보면서 묵상하는 구조다.

## Ⅱ. 핵심구절 읽기

| 성경본문 | 레위기 13장 | 시편 15~16편 | 잠언 27장 | 데살로니가후서 1장 |
|---|---|---|---|---|
| 통일주제 | 고백(마음속에 숨긴 일이나 믿고 생각한 바를 사실대로 솔직하게 말함) | | | |
| 개별주제 | 나병환자가 자신의 부정함을 스스로 고백 | 다윗이 여호와를 복 산성 소득으로 고백 | 솔로몬이 옳은 친구에 대해 경험으로 고백 | 환난 중에 있는 성도가 주의 공의를 믿음으로 고백 |
| 연합내용 | **말은 하나님의 선물이다. 말로 인생의 방향을 바꾼다. 말로 자신의 병과 아픔을 알리고 예수님을 구주로 고백하며 생활의 진리를 직접적으로 전하고 박해를 받을 때 주님의 공의로운 심판을 선포할 수 있다.** | | | |
| 핵심구절 | 2~8,18~20 24~25,29~30 38~46 | 15:1~5 16:2,4~6,8~9 11 | 1~2,5~7,9~10 14~17,19,21~23 | 3~9 |

• 레위기 13장 - 나병환자가 자신의 부정함을 스스로 고백

만일 사람이 그의 피부에 무엇이 돋거나 뾰루지가 나거나 색점이 생겨서 그의 피부에 나병 같은 것이 생기거든 그를 곧 제사장 아론에게나 그의 아들 중 한 제사장에게로 데리고 갈 것이요...(2~8절)

피부에 종기가 생겼다가 나았고...(18~20절)

피부가 불에 데었는데 그 덴 곳에 불그스름하고 희거나 순전히 흰 색점이 생기면...(24~25절)

남자나 여자의 머리에나 수염에 환부가 있으면...(29~30절)

남자나 여자의 피부에 색점 곧 흰 색점이 있으면...(38~46절)

• 시편 15~16편 - 다윗이 여호와를 복 산성 소득으로 고백

여호와여 주의 장막에 머무를 자 누구오며 주의 성산에 사는 자 누구오니이까...(15편 1~5절)

내가 여호와께 아뢰되 주는 나의 주님이시오니 주 밖에는 나의 복이 없다 하였나이다 (16편 2절)

다른 신에게 예물을 드리는 자는 괴로움이 더할 것이라 나는 그들이 드리는 피의 전제 를 드리지 아니하며 내 입술로 그 이름도 부르지 아니하리로다...(16편 4~6절)

내가 여호와를 항상 내 앞에 모심이여 그가 나의 오른쪽에 계시므로 내가 흔들리지 아니하리로다...(16편 8~9절)

주께서 생명의 길을 내게 보이시리니 주의 앞에는 충만한 기쁨이 있고 주의 오른쪽에 는 영원한 즐거움이 있나이다(16편 11절)

• 잠언 27장 - 솔로몬이 옳은 친구에 대해 경험으로 고백

너는 내일 일을 자랑하지 말라 하루 동안에 무슨 일이 일어날는지 네가 알 수 없음이 니라...(1~2절)

면책은 숨은 사랑보다 나으니라...(5~7절)

기름과 향이 사람의 마음을 즐겁게 하나니 친구의 충성된 권고가 이와 같이 아름다우 니라...(9~10절)

이른 아침에 큰 소리로 자기 이웃을 축복하면 도리어 저주 같이 여기게 되리 라...(14~17절)

물에 비치면 얼굴이 서로 같은 것 같이 사람의 마음도 서로 비치느니라(19절)

도가니로 은을, 풀무로 금을, 칭찬으로 사람을 단련하느니라...(21~23절)

• 데살로니가후서 1장 - 환난 중에 있는 성도가 주의 공의를 믿음으로 고백

형제들아 우리가 너희를 위하여 항상 하나님께 감사할지니 이것이 당연함은 너희의 믿음이 더욱 자라고 너희가 다 각기 서로 사랑함이 풍성함이니...(3~9절)

## Ⅲ. 묵상을 위한 질문

1. 여호와는 제사장에게 나병 징후가 보이는 환자가 오면 어떤 두 가지 원칙으로 처리하도록 정해 주셨나요?(2~4,9~10,19~20)

2. 나병환자는 어떻게 처신해야 할까요?(45~46)

3. 다윗은 여호와의 장막과 성산에 거하는 자의 삶을 어떻게 언급했나요?(2~5)

4. 다윗이 여호와께 드린 진정한 신앙고백은 무엇이었나요?(2,5,8)

5. 솔로몬은 진정한 친구의 특징을 무엇이라고 말했나요?(6,9~10,17)

6. 솔로몬은 칭찬으로 사람을 단련하되 어떤 사람은 단련하지 말라고 했나요?(21~22)

7. 바울은 데살로니가교회의 어떤 모습을 거듭 칭찬했나요?(3~4)

8. 바울은 박해와 환난 중에 있는 데살로니가교회에게 하나님의 공의를 어떻게 설명했나요?(6~7)

## Ⅳ. 기도

1. 주여, 질병으로 고생할 때 주님을 믿고 의지하는 참 믿음을 주옵소서.
2. 주여, 주님의 나라와 교회에 늘 머물면서 큰 일을 감당하게 하옵소서.
3. 주여, 저에게 바른 친구를 주시고 또 타인에게 그런 친구가 되게 하옵소서.

## • 하나님 마음 알아가기 •




## • 나에게 주시는 말씀(암송하기) •




## • 오늘의 감사(기록하기) •

## I. 맥체인성경의 통독구조<100>

구약과 신약 4장을 읽을 때 특별히 교훈을 찾기 어려운 분문을 만나면 다른 본문을 통해 충분한 교훈을 얻을 수 있는 구조다. 예를 들어 구약에 족보만 나오는 장이 있을 때 신약은 족보와 연관된 풍성한 다른 내용이 펼쳐짐으로 충분한 교훈을 얻게 되는 구조다.

## II. 핵심구절 읽기

| 성경본문 | 레위기 14장 | 시편 17편 | 잠언 28장 | 데살로니가후서 2장 |
|---|---|---|---|---|
| 통일주제 | 정결(모든 악한 것으로부터 맑고 깨끗한 상태) | | | |
| 개별주제 | 나은 후 예식과 제사를 통해 얻는 나병환자의 정결 | 간절한 기도를 드리는 진실무망한 다윗의 정결 | 주를 경외하는 자와 율법을 지키는 자의 정결 | 미혹하는 자로부터 믿음을 지키는 성도의 정결 |
| 연합내용 | **하나님은 거룩하시다. 그래서 우리도 온전해야 한다. 영, 혼, 몸이 모두 깨끗해야 한다. 우리 믿는 성도는 말씀 안에서, 예전 안에서, 생활의 구별 속에서 정결해야 한다. 끊임없이 근신해야 한다.** | | | |
| 핵심구절 | 2~20,34~36 43~47 | 1~9,13~15 | 1~2,4~5,8~9 12~14,19~22,24 28 | 1~4,9~12,15 |

### • 레위기 14장 - 나은 후 예식과 제사를 통해 얻는 나병환자의 정결

나병 환자가 정결하게 되는 날의 규례는 이러하니 곧 그 사람을 제사장에게로 데려갈 것이요...(2~20절)

내가 네게 기업으로 주는 가나안 땅에 너희가 이를 때에 너희 기업의 땅에서 어떤 집에 나병 색점을 발생하게 하거든...(34~36절)

돌을 빼내며 집을 긁고 고쳐 바른 후에 색점이 집에 재발하면...(43~47절)

여호와여 의의 호소를 들으소서 나의 울부짖음에 주의하소서 거짓 되지 아니한 입술
에서 나오는 나의 기도에 귀를 기울이소서...(1~9절)
여호와여 일어나 그를 대항하여 넘어뜨리시고 주의 칼로 악인에게서 나의 영혼을 구
원하소서...(13~15절)

악인은 쫓아오는 자가 없어도 도망하나 의인은 사자 같이 담대하니라...(1~2절)
율법을 버린 자는 악인을 칭찬하나 율법을 지키는 자는 악인을 대적하느니라...(4~5절)
중한 변리로 자기 재산을 늘이는 것은 가난한 사람을 불쌍히 여기는 자를 위해 그 재
산을 저축하는 것이니라...(8~9절)
의인이 득의하면 큰 영화가 있고 악인이 일어나면 사람이 숨느니라...(12~14절)
자기의 토지를 경작하는 자는 먹을 것이 많으려니와 방탕을 따르는 자는 궁핍함이 많
으리라...(19~22절)
부모의 물건을 도둑질하고서도 죄가 아니라 하는 자는 멸망 받게 하는 자의 동류니라
(24절)
악인이 일어나면 사람이 숨고 그가 멸망하면 의인이 많아지느니라(28절)

형제들아 우리가 너희에게 구하는 것은 우리 주 예수 그리스도의 강림하심과 우리가
그 앞에 모임에 관하여...(1~4절)
악한 자의 나타남은 사탄의 활동을 따라 모든 능력과 표적과 거짓 기적과...(9~12절)
그러므로 형제들아 굳건하게 서서 말로나 우리의 편지로 가르침을 받은 전통을 지키
라(15절)

## Ⅲ. 묵상을 위한 질문

1. 나병환자는 나병 환부가 나았을 때 어떻게 해야 할까요?(4~9,11,14,17~18)

2. 기업의 땅에서 어떤 집에 나병 색점을 발견하면 어떻게 처리해야 할까요?(38~42)

3. 다윗은 여호와께 자신의 부르짖는 기도를 무엇이라고 말했나요?(1)

4. 다윗은 자신을 원수로부터 구원하신 주의 응답을 무엇이라고 말했나요?(7,9,13)

5. 솔로몬은 나라가 세워지려면 어떤 사람이 있어야 한다고 했나요?(2,16,28)

6. 솔로몬은 어떤 사람이 물질을 추구해도 결국 가난해진다고 했나요?(8,12,20,22)

7. 바울은 데살로니가교회에게 불법으로 배교를 일으키는 자들이 어떻게 멸망할 것이라고 말했나요?(3,7~8)

8. 바울은 불법하는 악한 자가 나타나 어떤 사탄의 활동을 할 것이라고 말했나요?(9~10)

## Ⅳ. 기도

1. 주여, 금년에는 모든 질병이 나에게서 떠나게 하자 정결하게 하옵소서.
2. 주여, 금년에는 성서적 삶을 살게 하사 기도의 응답조건을 갖추게 하옵소서.
3. 주여, 금년에는 사단의 유혹과 교훈을 물리치고 순교를 각오하게 하옵소서.

## • 하나님 마음 알아가기 •




## • 나에게 주시는 말씀(암송하기) •




## • 오늘의 감사(기록하기) •

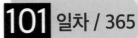

# 101 일차 / 365 　　　　성실　　　　4월 11일

## Ⅰ. 맥체인성경의 통독구조<101>

성경을 내용 중심뿐만이 아니라 적용 중심으로 보게 하는 구조다. 일반적으로 적용은 한 본문일 경우 단면적 교훈을 찾게 된다. 하지만 맥체인 성경은 4장의 본문을 읽는 것이기 때문에 현실상황에 맞는 응용적 교훈을 찾아서 적용할 수 있도록 도와주는 놀라운 구조를 가지고 있다.

## Ⅱ. 핵심구절 읽기

| 성경본문 | 레위기 15장 | 시편 18편 | 잠언 29장 | 데살로니가후서 3장 |
|---|---|---|---|---|
| 통일주제 | 성실(부지런하고 게으르지 않으며 정성스럽고 참됨) | | | |
| 개별주제 | 피와 연관된 부정한 자의 회복에 대한 제사장의 성실 | 원수의 대적과 악한 환경을 이겨낸 다윗의 성실 | 권세와 거만과 거짓의 유혹에서 이긴 왕과 의인의 성실 | 재림을 빙자한 이단의 교훈을 물리쳐야 할 성도의 성실 |
| 연합내용 | **하나님은 모든 영역에서 성실하심이 완전하시다. 따라서 주님을 따르는 성도는 부정하고 악한 세상 속에서 이단과 싸우면서 믿음을 지키려면 언제나 깨어있어 부지런하고 성실해야 한다.** | | | |
| 핵심구절 | 2~15,25~28,31 | 1~2,6,16~27 30~36,39~41 43~44,46~49 | 1~2,4,7~8,11 13~15,18~21 25~27 | 1~2,6~12,14~15 |

### • 레위기 15장 - 피와 연관된 부정한 자의 회복에 대한 제사장의 성실

이스라엘 자손에게 말하여 이르라 누구든지 그의 몸에 유출병이 있으면 그 유출병으로 말미암아 부정한 자라...(2~15절)

만일 여인의 피의 유출이 그의 불결기가 아닌데도 여러 날이 간다든지 그 유출이 그의 불결기를 지나도 계속되면 그 부정을 유출하는 모든 날 동안은 그 불결한 때와 같이 부정한즉...(25~28절)

너희는 이와 같이 이스라엘 자손이 그들의 부정에서 떠나게 하여 그들 가운데에 있는 내 성막을 그들이 더럽히고 그들이 부정한 중에서 죽지 않도록 할지니라(31절)

*58*

나의 힘이신 여호와여 내가 주를 사랑하나이다...(1~2절)

내가 환난 중에서 여호와께 아뢰며 나의 하나님께 부르짖었더니 그가 그의 성전에서 내 소리를 들으심이여 그의 앞에서 나의 부르짖음이 그의 귀에 들렸도다(6절)

그가 높은 곳에서 손을 펴사 나를 붙잡아 주심이여 많은 물에서 나를 건져내셨도다...(16~27절)

하나님의 도는 완전하고 여호와의 말씀은 순수하니 그는 자기에게 피하는 모든 자의 방패시로다...(30~36절)

주께서 나를 전쟁하게 하려고 능력으로 내게 띠 띠우사 일어나 나를 치는 자들이 내게 굴복하게 하셨나이다...(39~41절)

주께서 나를 백성의 다툼에서 건지시고 여러 민족의 으뜸으로 삼으셨으니 내가 알지 못하는 백성이 나를 섬기리이다...(43~44절)

여호와는 살아 계시니 나의 반석을 찬송하며 내 구원의 하나님을 높일지로다...(46~49절)

자주 책망을 받으면서도 목이 곧은 사람은 갑자기 패망을 당하고 피하지 못하리라...(1~2절)

왕은 정의로 나라를 견고하게 하나 뇌물을 억지로 내게 하는 자는 나라를 멸망시키느니라(4절)

의인은 가난한 자의 사정을 알아 주나 악인은 알아 줄 지식이 없느니라...(7~8절)

어리석은 자는 자기의 노를 다 드러내어도 지혜로운 자는 그것을 억제하느니라(11절)

가난한 자와 포학한 자가 섞여 살거니와 여호와께서는 그 모두의 눈에 빛을 주시느니라...(13~15절)

묵시가 없으면 백성이 방자히 행하거니와 율법을 지키는 자는 복이 있느니라...(18~21절)

사람을 두려워하면 올무에 걸리게 되거니와 여호와를 의지하는 자는 안전하리라...(25~27절)

끝으로 형제들아 너희는 우리를 위하여 기도하기를 주의 말씀이 너희 가운데서와 같이 퍼져 나가 영광스럽게 되고...(1~2절)

형제들아 우리 주 예수 그리스도의 이름으로 너희를 명하노니 게으르게 행하고 우리에게서 받은 전통대로 행하지 아니하는 모든 형제에게서 떠나라...(6~12절)

누가 이 편지에 한 우리 말을 순종하지 아니하거든 그 사람을 지목하여 사귀지 말고 그로 하여금 부끄럽게 하라...(14~15절)

## Ⅲ. 묵상을 위한 질문

1. 유출병이 있어 부정하게 된 자와 그에 접촉된 모든 것은 어떻게 해야 할까요?(5~8,11)

2. 불결기에 있는 여인은 자신을 어떻게 관리해야 할까요?(24~25,28~31)

3. 다윗이 여호와 하나님께 기도하고 응답을 확신한 것은 무엇 때문일까요?(20~24)

4. 다윗이 어떤 상황 속에서도 흔들지 않고 신앙을 지킨 것은 무엇에 근거하여 믿음생활을 했기 때문일까요?(30)

5. 솔로몬은 의인에게 어떤 능력이 있다고 했나요?(2,6~7,16)

6. 솔로몬은 백성에게 무엇이 없을 때 방자히 행한다고 했나요?(18)

7. 바울은 데살로니가교회에게 어떤 두 가지의 기도를 부탁했나요?(1~2)

8. 바울은 데살로니가교회에 어떤 문제점을 지적했나요?(6,8,10~12)

## IV. 기도

1. 주여, 자신을 스스로 돌아보아 어떤 불결함이 있는지 살피고 회개하게 하옵소서.
2. 주여, 하나님의 성품과 우리의 진실 속에서 항상 믿고 기도하게 하옵소서.
3. 주여, 주님의 재림을 잘못 이해하여 게으른 삶을 살지 않게 하옵소서.

### • 하나님 마음 알아가기 •

### • 나에게 주시는 말씀(암송하기) •

### • 오늘의 감사(기록하기) •

## Ⅰ. 맥체인성경의 통독구조<102>

맥체인성경 통독은 새벽에 70~80절 정도의 핵심요절을 읽고 하루 중 정해 놓은 시간에 통일주제를 중심으로 4장 전체를 정독하면서 묵상문제를 풀어 영적인 만나를 먹는 구조이다.

## Ⅱ. 핵심구절 읽기

| 성경본문 | 레위기 16장 | 시편 19편 | 잠언 30장 | 디모데전서 1장 |
|---|---|---|---|---|
| 통일주제 | 말씀(하나님께서 전하시는 모든 계시) | | | |
| 개별주제 | 성소에 들어가는 아론과 제사장의 생사를 위한 말씀 | 믿는 자에게 율법과 교훈과 계명이 된 영원한 말씀 | 아굴이 이디엘과 우갈에게 이른 가감할 수 없는 말씀 | 죄를 알게 하는 율법과 구원을 이루는 복음인 말씀 |
| 연합내용 | **하나님은 말씀으로 천지만물을 창조하셨다. 그리고 지금도 그 말씀으로 모든 것을 다스리신다. 우리가 완전하신 하나님의 말씀으로 무장할 때 생명의 문제, 축복의 문제, 구원의 문제를 해결할 수 있다.** | | | |
| 핵심구절 | 2~4,7~10,12~13 17,20~22,29~31 34 | 1,4~11,14 | 2~9,12~13 15~16,18~31 | 3~8,13~16 18~19 |

### • 레위기 16장 - 성소에 들어가는 아론과 제사장의 생사를 위한 말씀

여호와께서 모세에게 이르시되 네 형 아론에게 이르라 성소의 휘장 안 법궤 위 속죄소 앞에 아무 때나 들어오지 말라 그리하여 죽지 않도록 하라 이는 내가 구름 가운데에서 속죄소 위에 나타남이니라...(2~4절)

또 그 두 염소를 가지고 회막 문 여호와 앞에 두고...(7~10절)

향로를 가져다가 여호와 앞 제단 위에서 피운 불을 그것에 채우고 또 곱게 간 향기로운 향을 두 손에 채워 가지고 휘장 안에 들어가서...(12~13절)

그가 지성소에 속죄하러 들어가서 자기와 그의 집안과 이스라엘 온 회중을 위하여 속죄하고 나오기까지는 누구든지 회막에 있지 못할 것이며(17절)

그 지성소와 회막과 제단을 위하여 속죄하기를 마친 후에 살아 있는 염소를 드리

되...(20~22절)

너희는 영원히 이 규례를 지킬지니라 일곱째 달 곧 그 달 십일에 너희는 스스로 괴롭게 하고 아무 일도 하지 말되 본토인이든지 너희 중에 거류하는 거류민이든지 그리하라...(29~31절)

이는 너희가 영원히 지킬 규례라 이스라엘 자손의 모든 죄를 위하여 일 년에 한 번 속죄할 것이니라 아론이 여호와께서 모세에게 명령하신 대로 행하니라(34절)

### • 시편 19편 - 믿는 자에게 율법과 교훈과 계명이 된 영원한 말씀

하늘이 하나님의 영광을 선포하고 궁창이 그의 손으로 하신 일을 나타내는도다(1절)

그의 소리가 온 땅에 통하고 그의 말씀이 세상 끝까지 이르도다 하나님이 해를 위하여 하늘에 장막을 베푸셨도다...(4~11절)

나의 반석이시요 나의 구속자이신 여호와여 내 입의 말과 마음의 2)묵상이 주님 앞에 열납되기를 원하나이다(14절)

### • 잠언 30장 - 아굴이 이디엘과 우갈에게 이른 가감할 수 없는 말씀

나는 다른 사람에게 비하면 짐승이라 내게는 사람의 총명이 있지 아니하니라...(2~9절)

스스로 깨끗한 자로 여기면서도 자기의 더러운 것을 씻지 아니하는 무리가 있느니라...(12~13절)

거머리에게는 두 딸이 있어 다오 다오 하느니라 족한 줄을 알지 못하여 족하다 하지 아니하는 것 서넛이 있나니...(15~16절)

내가 심히 기이히 여기고도 깨닫지 못하는 것 서넛이 있나니...(18~31절)

### • 디모데전서 1장 - 죄를 알게 하는 율법과 구원을 이루는 복음인 말씀

내가 마게도냐로 갈 때에 너를 권하여 에베소에 머물라 한 것은 어떤 사람들을 명하여 다른 교훈을 가르치지 말며...(3~8절)

내가 전에는 비방자요 박해자요 폭행자였으나 도리어 긍휼을 입은 것은 내가 믿지 아니할 때에 알지 못하고 행하였음이라...(13~16절)

아들 디모데야 내가 네게 이 교훈으로써 명하노니 전에 너를 지도한 예언을 따라 그것으로 선한 싸움을 싸우며...(18~19절)

## Ⅲ. 묵상을 위한 질문

1. 여호와 하나님은 모세에게 자신이 어느 곳에 임재할 것을 아론에게 전하라고 했나요?(2)

2. 아론과 제사장이 여호와의 성소에 나아가려면 어떻게 준비해야 할까요?(3~5)

3. 다윗은 여호와의 말씀의 특징을 어떻게 설명하고 있나요?(7~8)

4. 다윗이 여호와 앞에 간절히 기도한 두 가지의 내용은 무엇일까요?(12~14)

5. 아굴은 이디엘과 우갈에게 하나님의 말씀을 어떻게 대해야 한다고 말했나요?(5~6)

6. 아굴이 하나님께 구한 두 가지의 기도내용과 그 이유는 무엇일까요?(7~9)

7. 바울은 구약의 율법이 누구에게 해당되는 말씀이라고 말했나요?(8~10)

8. 바울은 디모데에게 자신의 과거에 대해서 어떻게 간증했나요?(13,15)

## Ⅳ. 기도

1. 주여, 하나님의 성전인 교회에 들어갈 때 준비된 예복을 입게 하옵소서.
2. 주여, 하나님의 말씀을 절대시하고 그 말씀을 따라 기도하게 하옵소서.
3. 주여, 아굴처럼 성숙하게 기도할 수 있도록 깊은 신앙을 주옵소서.

## • 하나님 마음 알아가기 •

## • 나에게 주시는 말씀(암송하기) •

## • 오늘의 감사(기록하기) •

## Ⅰ. 맥체인성경의 통독구조<103>

성경을 통독하는 이유는 먼저 내용을 알기 위함이다. 하지만 좀 더 나아가 묵상을 하고 그 내용을 삶에 적용하기 위함이다. 이를 위하여 다양한 사건의 본문을 대하는 것은 통독자에게 매우 유익하다. 이런 유익함을 제공하는 구조를 맥체인성경은 가지고 있다.

## Ⅱ. 핵심구절 읽기

| 성경본문 | 레위기 17장 | 시편 20~21편 | 잠언 31장 | 디모데전서 2장 |
|---|---|---|---|---|
| 통일주제 | 금지(어떤 일이나 행동 등을 하지 못하게 막음) | | | |
| 개별주제 | 이스라엘과 거류민에게 피 먹는 것을 금지 | 믿는 자와 왕이 세상의 힘 의지하는 것을 금지 | 아들 르무엘 왕에게 포도주 먹는 것을 금지 | 여자에게 금 진주 값진 옷 가르치는 것을 금지 |
| 연합내용 | **사람은 한 시대의 상황에 갇혀 산다. 특히 신앙인은 더욱 그렇다. 따라서 성경은 다른 시대에서는 이해가 되지 않는 내용이지만 각 시대마다 그 상황 속에서 경건한 삶에 본이 되지 않는 것은 금지하고 있다.** | | | |
| 핵심구절 | 3~8,10~11,14 | 20:1~4,6~8<br>21:1~2,4,6~7<br>10~12 | 1,3~6,8,10~23<br>26~30 | 1~4,7~12,15 |

### • 레위기 17장 - 이스라엘과 거류민에게 피 먹는 것을 금지

이스라엘 집의 모든 사람이 소나 어린 양이나 염소를 진영 안에서 잡든지 진영 밖에서 잡든지...(3~8절)

이스라엘 집 사람이나 그들 중에 거류하는 거류민 중에 무슨 피든지 먹는 자가 있으면 내가 그 피를 먹는 그 사람에게는 내 얼굴을 대하여 그를 백성 중에서 끊으리니...(10~11절)

모든 생물은 그 피가 생명과 일체라 그러므로 내가 이스라엘 자손에게 이르기를 너희는 어떤 육체의 피든지 먹지 말라 하였나니 모든 육체의 생명은 그것의 피인즉 그 피를 먹는 모든 자는 끊어지리라(14절)

· 시편 20~21편 - 믿는 자와 왕이 세상의 힘 의지하는 것을 금지

환난 날에 여호와께서 네게 응답하시고 야곱의 하나님의 이름이 너를 높이 드시며...(20편 1~4절)

여호와께서 자기에게 기름 부음 받은 자를 구원하시는 줄 이제 내가 아노니 그의 오른 손의 구원하는 힘으로 그의 거룩한 하늘에서 그에게 응답하시리로다...(20편 6~8절)

여호와여 왕이 주의 힘으로 말미암아 기뻐하며 주의 구원으로 말미암아 크게 즐거워하리이다...(21편 1~2절)

그가 생명을 구하매 주께서 그에게 주셨으니 곧 영원한 장수로소이다(21편 4절)

그가 영원토록 지극한 복을 받게 하시며 주 앞에서 기쁘고 즐겁게 하시나이다...(21편 6~7절)

왕이 그들의 후손을 땅에서 멸함이여 그들의 자손을 사람 중에서 끊으리로다...(21편 10~12절)

· 잠언 31장 - 아들 르무엘 왕에게 포도주 먹는 것을 금지

르무엘 왕이 말씀한 바 곧 그의 어머니가 그를 훈계한 잠언이라(1절)

네 힘을 여자들에게 쓰지 말며 왕들을 멸망시키는 일을 행하지 말지어다...(3~6절)

너는 말 못하는 자와 모든 고독한 자의 송사를 위하여 입을 열지니라(8절)

누가 현숙한 여인을 찾아 얻겠느냐 그의 값은 진주보다 더 하니라...(10~23절)

입을 열어 지혜를 베풀며 그의 혀로 인애의 법을 말하며...(26~30절)

· 디모데전서 2장 - 여자에게 금 진주 값진 옷 가르치는 것을 금지

그러므로 내가 첫째로 권하노니 모든 사람을 위하여 간구와 기도와 도고와 감사를 하되...(1~4절)

이를 위하여 내가 전파하는 자와 사도로 세움을 입은 것은 참말이요 거짓말이 아니니 믿음과 진리 안에서 내가 이방인의 스승이 되었노라...(7~12절)

그러나 여자들이 만일 정숙함으로써 믿음과 사랑과 거룩함에 거하면 그의 해산함으로 구원을 얻으리라(15절)

## III. 묵상을 위한 질문

1. 여호와는 이스라엘 집의 모든 사람에게 어디에서 제물을 드리라고 했나요?(4~5)

2. 여호와 하나님은 이스라엘 집 사람이나 거류민에게 무엇을 절대 먹지 말라고 했나요?(10~11,14)

3. 어떤 사람이 병거와 말을 의지할 때 다윗은 무엇을 의지한다고 했나요?(20:7)

4. 왕이라 할지라도 여호와 하나님을 의지할 때 주님은 무엇을 주실까요?(21:1,4,6)

5. 르무엘 왕은 어머니에게로부터 어떤 훈계를 받았나요?(3~4,8)

6. 르무엘 왕의 어머니는 현숙한 여인의 특징을 어떻게 말했나요?(10,12~16,20~22, 26~27)

7. 바울은 디모데에게 특히 누구를 위하여 기도하라고 했나요?(2)

8. 바울은 디모데에게 여자로 하여금 무엇을 금하도록 가르치라고 했나요?(9,12)

## IV. 기도

1. 주여, 생명을 소중히 여기는 성서적인 마음을 주옵소서.
2. 주여, 세상의 힘을 의지하지 말고 오직 하나님만을 의지하게 하옵소서.
3. 주여, 남자로 거룩한 손을 들어 기도하게 하시고 여자로 사치하지 않게 하옵소서.

• 하나님 마음 알아가기 •

• 나에게 주시는 말씀(암송하기) •

• 오늘의 감사(기록하기) •

근절

## I. 맥체인성경의 통독구조<104>

전혀 다른 역사 속에서 믿는 자에게 발생했던 많은 문제들을 현재라는 시점에서 종합하여 묵상하고 현재의 문제를 창조적으로 해결해 가도록 돕는 구조이다.

## II. 핵심구절 읽기

| 성경본문 | 레위기 18장 | 시편 22편 | 전도서 1장 | 디모데전서 3장 |
|---|---|---|---|---|
| 통일주제 | 근절(어떤 사물이나 현상을 다시는 발생할 수 없도록 그 근원을 없애 버리거나 단절함) | | | |
| 개별주제 | 이스라엘 자손이 애굽과 가나안의 풍속을 근절 | 다윗이 자신을 죽이려는 악한 개의 세력을 근절 | 전도자가 해 아래의 모든 헛된 일과 수고를 근절 | 감독과 집사가 모든 불건한 생활과 비방을 근절 |
| 연합내용 | 아담과 하와는 선악을 알게 하는 나무의 과실을 통한 사단의 유혹을 물리치지 못하고 타락하게 되었다. 하나님은 원죄를 가지고 태어난 우리를 너무도 잘 아시기에 참된 구원을 위해 매 시대마다 주의 종을 통하여 생활과 환경 속에서 근절해야 할 것들을 교훈하신다. | | | |
| 핵심구절 | 2~5,9~11,19~25 28~30 | 1~8,11,14~20 23~24,26,28 | 1~3,8~14,16~18 | 2~13,16 |

### • 레위기 18장 - 이스라엘 자손이 애굽과 가나안의 풍속을 근절

너는 이스라엘 자손에게 말하여 이르라 나는 여호와 너희의 하나님이니라...(2~5절)

너는 네 자매 곧 네 아버지의 딸이나 네 어머니의 딸이나 집에서나 다른 곳에서 출생하였음을 막론하고 그들의 하체를 범하지 말지니라...(9~11절)

너는 여인이 월경으로 불결한 동안에 그에게 가까이 하여 그의 하체를 범하지 말지니라...(19~25절)

너희도 더럽히면 그 땅이 너희가 있기 전 주민을 토함 같이 너희를 토할까 하노라...(28~30절)

내 하나님이여 내 하나님이여 어찌 나를 버리셨나이까 어찌 나를 멀리 하여 돕지 아니하시오며 내 신음 소리를 듣지 아니하시나이까...(1~8절)

나를 멀리 하지 마옵소서 환난이 가까우나 도울 자 없나이다(11절)

나는 물 같이 쏟아졌으며 내 모든 뼈는 어그러졌으며 내 마음은 밀랍 같아서 내 속에서 녹았으며(14~20절)

여호와를 두려워하는 너희여 그를 찬송할지어다 야곱의 모든 자손이여 그에게 영광을 돌릴지어다 너희 이스라엘 모든 자손이여 그를 경외할지어다...(23~24절)

겸손한 자는 먹고 배부를 것이며 여호와를 찾는 자는 그를 찬송할 것이라 너희 마음은 영원히 살지어다(26절)

나라는 여호와의 것이요 여호와는 모든 나라의 주재심이로다(28절)

다윗의 아들 예루살렘 왕 전도자의 말씀이라...(1~3절)

모든 만물이 피곤하다는 것을 사람이 말로 다 말할 수는 없나니 눈은 보아도 족함이 없고 귀는 들어도 가득 차지 아니하도다...(8~14절)

내가 내 마음 속으로 말하여 이르기를 보라 내가 크게 되고 지혜를 더 많이 얻었으므로 나보다 먼저 예루살렘에 있던 모든 사람들보다 낫다 하였나니 내 마음이 지혜와 지식을 많이 만나 보았음이로다...(16~18절)

그러므로 감독은 책망할 것이 없으며 한 아내의 남편이 되며 절제하며 신중하며 단정하며 나그네를 대접하며 가르치기를 잘하며...(2~13절)

크도다 경건의 비밀이여, 그렇지 않다 하는 이 없도다(16절)

## III. 묵상을 위한 질문

1. 하나님은 이스라엘에게 이방의 어떤 풍속을 근절하도록 명령하셨나요?(6~16)

2. 하나님이 가나안땅의 풍속을 따르지 말라 하시고 그 땅과 족속들을 멸절하신 이유는 무엇 때문일까요?(3,24~25,27~28)

3. 다윗은 자신의 힘든 상황을 어떤 동물들의 에워쌈으로 표현했나요?(12,16,21)

4. 다윗은 하나님을 어떤 분으로 신뢰했나요?(3,19,24,28,31)

5. 다윗의 아들 예루살렘 왕 전도자는 세대의 모든 일이 어떠하다고 했나요?(2,14)

6. 예루살렘 왕 전도자는 지혜를 얻기 위하여 어떤 노력을 했나요?(13,16~17)

7. 바울은 디모데에게 감독과 집사의 자격으로 무엇을 언급했나요?(2~13)

8. 바울은 디모데에게 모든 자격의 기본은 무엇이라고 했나요?(1,5,9,12)

## IV. 기도

1. 주여! 세상의 문화와 문명을 구별하여 취할 수 있는 성서적 식견을 주옵소서.
2. 주여! 어떤 환난과 위험 속에서도 주님의 뜻과 능력을 믿는 믿음을 주옵소서.
3. 주여! 참된 직분자가 될 수 있도록 저희의 생각과 언행을 주관하여 주옵소서.

## • 하나님 마음 알아가기 •

## • 나에게 주시는 말씀(암송하기) •

## • 오늘의 감사(기록하기) •

# 순수

## I. 맥체인성경의 통독구조<105>

66권 중 한 권의 여러 장을 읽을 때 전체 대강의 줄거리를 묵상하는 일반적인 통독과는 달리, 66권 중 다른 네 권의 한 장씩을 합쳐 네 장을 읽고 링크된 주제내용을 묵상함으로 다양하게 역사하신 하나님의 구속사를 깨닫는 구조이다.

## II. 핵심구절 읽기

| 성경본문 | 레위기 19장 | 시편 23~24편 | 전도서 2장 | 디모데전서 4장 |
|---|---|---|---|---|
| 통일주제 | 순수(마음 속에 사사로운 욕심이나 불순한 생각이 없음) | | | |
| 개별주제 | 사람과 환경을 대하는 심적 동기의 순수함 | 참 목자 되신 주님 앞에 설 자의 심신의 순수함 | 모든 지혜 소유 낙을 경험한 자의 회고적인 순수함 | 미혹의 영 앞에서 복음을 쫓는 경건의 순수함 |
| 연합내용 | 하나님의 아들 예수 그리스도는 순수한 마음과 온전한 헌신으로 아버지의 뜻을 따라 세상에 오셔서 구속의 길을 가셨다. 성도도 세상의 모든 수고가 헛됨을 깨닫고 이웃을 배려할 때나 주님을 의지할 때나 복음을 전할 때에 동기의 순수성을 가지고 맑게 나아가야 한다. | | | |
| 핵심구절 | 2~5,9~14,17 19,23~25,28 30~32,35~36 | 23:1~6 24:1,3~7 | 1~6,8,10~11 14~15,17~19 23~26 | 1~8,12~15 |

### • 레위기 19장 - 사람과 환경을 대하는 심적 동기의 순수함

너는 이스라엘 자손의 온 회중에게 말하여 이르라 너희는 거룩하라 이는 나 여호와 너희 하나님이 거룩함이니라...(2~5절)

너희가 너희의 땅에서 곡식을 거둘 때에 너는 밭 모퉁이까지 다 거두지 말고 네 떨어진 이삭도 줍지 말며...(9~14절)

너는 네 형제를 마음으로 미워하지 말며 네 이웃을 반드시 견책하라 그러면 네가 그에 대하여 죄를 담당하지 아니하리라(17절)

너희는 내 규례를 지킬지어다 네 가축을 다른 종류와 교미시키지 말며 네 밭에 두 종자를 섞어 뿌리지 말며 두 재료로 직조한 옷을 입지 말지며(19절)

너희가 그 땅에 들어가 각종 과목을 심거든 그 열매는 아직 할례 받지 못한 것으로 여기되 곧 삼 년 동안 너희는 그것을 할례 받지 못한 것으로 여겨 먹지 말 것이요...(23~25절)

죽은 자 때문에 너희의 살에 문신을 하지 말며 무늬를 놓지 말라 나는 여호와이니라 (28절)

내 안식일을 지키고 내 성소를 귀히 여기라 나는 여호와이니라...(30~32절)

너희는 재판할 때나 길이나 무게나 양을 잴 때 불의를 행하지 말고...(35~36절)

• 시편 23~24편 - 참 목자 되신 주님 앞에 설 자의 심신의 순수함

여호와는 나의 목자시니 내게 부족함이 없으리로다...(23편 1~6절)

땅과 거기에 충만한 것과 세계와 그 가운데에 사는 자들은 다 여호와의 것이로다(24편 1절)

여호와의 산에 오를 자가 누구며 그의 거룩한 곳에 설 자가 누구인가...(24편 3~7절)

• 전도서 2장 - 모든 지혜 소유 낙을 경험한 자의 회고적인 순수함

나는 내 마음에 이르기를 자, 내가 시험삼아 너를 즐겁게 하리니 너는 낙을 누리라 하였으나 보라 이것도 헛되도다...(1~6절)

은 금과 왕들이 소유한 보배와 여러 지방의 보배를 나를 위하여 쌓고 또 노래하는 남녀들과 인생들이 기뻐하는 처첩들을 많이 두었노라(8절)

무엇이든지 내 눈이 원하는 것을 내가 금하지 아니하며 무엇이든지 내 마음이 즐거워하는 것을 내가 막지 아니하였으니 이는 나의 모든 수고를 내 마음이 기뻐하였음이라 이것이 나의 모든 수고로 말미암아 얻은 몫이로다...(10~11절)

지혜자는 그의 눈이 그의 머리 속에 있고 우매자는 어둠 속에 다니지만 그들 모두가 당하는 일이 모두 같으리라는 것을 나도 깨달아 알았도다...(14~15절)

이러므로 내가 사는 것을 미워하였노니 이는 해 아래에서 하는 일이 내게 괴로움이요 모두 다 헛되어 바람을 잡으려는 것이기 때문이로다...(17~19절)

일평생에 근심하며 수고하는 것이 슬픔뿐이라 그의 마음이 밤에도 쉬지 못하나니 이것도 헛되도다...(23~26절)

그러나 성령이 밝히 말씀하시기를 후일에 어떤 사람들이 믿음에서 떠나 미혹하는 영과 귀신의 가르침을 따르리라 하셨으니...(1~8절)

누구든지 네 연소함을 업신여기지 못하게 하고 오직 말과 행실과 사랑과 믿음과 정절에 있어서 믿는 자에게 본이 되어...(12~15절)

## III. 묵상을 위한 질문

1. 여호와 하나님의 긍휼을 엿볼 수 있는 복지제도는 무엇일까요?(9~10,13~14)

2. 하나님은 가나안 땅에 들어갔을 때 어떤 계명을 지키라고 하셨나요?(23,26,31)

3. 다윗은 여호와 하나님은 자신의 무엇이 되신다고 고백했나요?(1)

4. 다윗은 여호와 하나님 앞에 설 자가 어떤 자격을 가져야 한다고 했나요?(3~4)

5. 예루살렘 왕 전도자는 왜 지혜자와 우매자가 모두 헛되다고 했을까요?(15~16)

6. 전도자는 자신의 수고가 모두 헛됨의 이유를 어떻게 말했나요?(18~19)

7. 바울은 디모데에게 목회할 때 무엇을 주의하라고 말했나요?(1,7)

8. 바울은 디모데에게 무엇에 힘쓸 것을 강조했나요?(7,13~15)

## IV. 기도

1. 주여, 하나님이 모든 자를 긍휼히 여기심같이 우리도 남을 배려하며 살게 하옵소서.
2. 주여, 선한 목자 되시는 하나님을 바라보고 늘 순종하며 따라가게 하옵소서.
3. 주여, 미혹의 영과 귀신의 가르침을 멀리하고 경건에 힘쓰는 자가 되게 하옵소서.

## • 하나님 마음 알아가기 •

## • 나에게 주시는 말씀(암송하기) •

## • 오늘의 감사(기록하기) •

# 제사

## I. 맥체인성경의 통독구조<106>

편집순 읽기 –> 연대기 읽기 –> 입체적 읽기

동서남북 4면 보기: 사복음서를 통해 입체적인 예수님을 보듯 신구약을 통해 하나님의 역사하심을 입체적으로 체험하는 구조이다.

## II. 핵심구절 읽기

| 성경본문 | 레위기 20장 | 시편 25편 | 전도서 3장 | 디모데전서 5장 |
|---|---|---|---|---|
| 통일주제 | 제사(종교에서 신에게 제물을 차려놓고 정성어린 마음을 드리는 의식) | | | |
| 개별주제 | 이방인이 우상에게 자식을 드리는 인신제사 | 다윗이 곤고와 환난 중에 드리는 기도제사 | 영원을 사모하는 자가 경외함으로 드리는 제사 | 참 과부가 하나님께 항상 드리는 간구제사 |
| 연합내용 | **성경에는 여호와 하나님께 드리는 제사와 우상에게 드리는 제사가 있다. 이방인은 자식을 제물로 드리기도 했으나 이스라엘 선민이나 그리스도인은 기도, 찬송, 예물로 인격적인 예배를 드렸다.** | | | |
| 핵심구절 | 2~7,14,18,21 23~26 | 2~3,6~8,10 14~15,17~18 21 | 1~8,11~14,18 20~21 | 1~3,5~6,8~10 16~19,21~22 |

### • 레위기 20장 - 이방인이 우상에게 자식을 드리는 인신제사

너는 이스라엘 자손에게 또 이르라 그가 이스라엘 자손이든지 이스라엘에 거류하는 거류민이든지 그의 자식을 몰렉에게 주면 반드시 죽이되 그 지방 사람이 돌로 칠 것이요...(2~7절)

누구든지 아내와 자기의 장모를 함께 데리고 살면 악행인즉 그와 그들을 함께 불사를 지니 이는 너희 중에 악행이 없게 하려 함이니라(14절)

누구든지 월경 중의 여인과 동침하여 그의 하체를 범하면 남자는 그 여인의 근원을 드러냈고 여인은 자기의 피 근원을 드러내었음인즉 둘 다 백성 중에서 끊어지리라(18절)

누구든지 그의 형제의 아내를 데리고 살면 더러운 일이라 그가 그의 형제의 하체를 범함이니 그들에게 자식이 없으리라(21절)

너희는 내가 너희 앞에서 쫓아내는 족속의 풍속을 따르지 말라 그들이 이 모든 일을 행하므로 내가 그들을 가증히 여기노라...(23~26절)

## • 시편 25편 - 다윗이 곤고와 환난 중에 드리는 기도제사

나의 하나님이여 내가 주께 의지하였사오니 나를 부끄럽지 않게 하시고 나의 원수들이 나를 이겨 개가를 부르지 못하게 하소서...(2~3절)

여호와여 주의 긍휼하심과 인자하심이 영원부터 있었사오니 주여 이것들을 기억하옵소서...(6~8절)

여호와의 모든 길은 그의 언약과 증거를 지키는 자에게 인자와 진리로다(10절)

여호와의 친밀하심이 그를 경외하는 자들에게 있음이여 그의 언약을 그들에게 보이시리로다...(14~15절)

내 마음의 근심이 많사오니 나를 고난에서 끌어내소서...(17~18절)

내가 주를 바라오니 성실과 정직으로 나를 보호하소서(21절)

## • 전도서 3장 - 영원을 사모하는 자가 경외함으로 드리는 제사

범사에 기한이 있고 천하 만사가 다 때가 있나니...(1~8절)

하나님이 모든 것을 지으시되 때를 따라 아름답게 하셨고 또 사람들에게는 영원을 사모하는 마음을 주셨느니라 그러나 하나님이 하시는 일의 시종을 사람으로 측량할 수 없게 하셨도다...(11~14절)

내가 내 마음속으로 이르기를 인생들의 일에 대하여 하나님이 그들을 시험하시리니 그들이 자기가 짐승과 다름이 없는 줄을 깨닫게 하려 하심이라 하였노라(18절)

다 흙으로 말미암았으므로 다 흙으로 돌아가나니 다 한 곳으로 가거니와...(20~21절)

## • 디모데전서 5장 - 참 과부가 하나님께 항상 드리는 간구제사

늙은이를 꾸짖지 말고 권하되 아버지에게 하듯 하며 젊은이에게는 형제에게 하듯 하고...(1~3절)

참 과부로서 외로운 자는 하나님께 소망을 두어 주야로 항상 간구와 기도를 하거니

와...(5~6절)

누구든지 자기 친족 특히 자기 가족을 돌보지 아니하면 믿음을 배반한 자요 불신자보다 더 악한 자니라...(8~10절)

만일 믿는 여자에게 과부 친척이 있거든 자기가 도와 주고 교회가 짐지지 않게 하라 이는 참 과부를 도와 주게 하려 함이라...(16~19절)

하나님과 그리스도 예수와 택하심을 받은 천사들 앞에서 내가 엄히 명하노니 너는 편견이 없이 이것들을 지켜 아무 일도 불공평하게 하지 말며...(21~22절)

## Ⅲ. 묵상을 위한 질문

1. 이방신 몰렉에게 자식을 제물로 드리는 자는 어떻게 하라고 했나요?(2~3,5)

2. 여호와 하나님이 가증하게 여긴 성관계는 무엇이었나요?(13,15~16)

3. 다윗은 원수 앞에서 자신이 어떻게 되지 않게 해 달라고 기도했나요?(2,19~20)

4. 다윗은 기도제사를 드릴 때에 어떤 자세를 가졌나요?(1,4~5)

5. 다윗의 아들 예루살렘 왕 전도자가 깨달은 세상의 이치는 무엇일까요?(1~8)

6. 전도자는 하나님이 인간을 어떻게 창조했다고 말했나요?(11,13)

7. 초대교회에서 인정하여 명단에 올린 과부는 어떤 본을 보인 자였나요?(9~10)

8. 바울은 디모데에게 잘 다스리는 장로들과 말씀과 가르침에 수고하는 이들에게는 어떻게 하라고 말했나요?(17~18)

## Ⅳ. 기도

1. 주여, 악한 세대를 본받지 말고 주님이 기뻐하시는 예배를 드리게 하옵소서.
2. 주여, 만사에 때가 있음을 알고 지혜롭게 행동하는 성도가 되게 하옵소서.
3. 주여, 교회를 위하여 수고하는 사역자들에게 배나 존경하는 마음을 갖게 하옵소서.

### • 하나님 마음 알아가기 •

### • 나에게 주시는 말씀(암송하기) •

### • 오늘의 감사(기록하기) •

## I. 맥체인성경의 통독구조<107>

코끼리 알기 : 한 면만을 볼 경우 단면의 한계로 온전히 이해하기 어렵다.

코, 뿔, 다리, 꼬리 알기 : 각각의 특징, 지체를 종합하여 볼 때 온전한 모습을 볼 수 있다. 그러므로 성경의 네 시대를 함께 봄으로써 전체를 보는 구조이다.

## II. 핵심구절 읽기

| 성경본문 | 레위기 21장 | 시편 26~27편 | 전도서 4장 | 디모데전서 6장 |
|---|---|---|---|---|
| 통일주제 | 자격(일정한 신분이나 지위를 가지거나 어떤 역할이나 행동을 하는데 필요한 조건 또는 능력) | | | |
| 개별주제 | 백성의 어른인 제사장이 여호와께 나갈 자격 | 행악자와 원수로부터 구원 받는 자의 자격 | 상을 얻기 위해 함께 살아갈 자가 갖추어야 할 자격 | 믿음의 선한 싸움을 싸우는 하나님의 사람의 자격 |
| 연합내용 | 하나님의 공동체인 교회 안에서 일하는 자가 갖춰야 할 자격과 일반 세상에서 그리스도인으로 살아가면서 갖춰야 할 자격은 다양하고 많으며 잘 살았을 경우 상을 얻게 된다. | | | |
| 핵심구절 | 1~4,8~9,12 18~21 | 26:1~2,4,6~7 11, 27:1,3~5 7~9,12~14 | 1,4~5,8~12,16 | 2~8,10~12,17~18 |

### • 레위기 21장 - 백성의 어른인 제사장이 여호와께 나갈 자격

여호와께서 모세에게 이르시되 아론의 자손 제사장들에게 말하여 이르라 그의 백성 중에서 죽은 자를 만짐으로 말미암아 스스로를 더럽히지 말려니와...(1~4절)

너는 그를 거룩히 여기라 그는 네 하나님의 음식을 드림이니라 너는 그를 거룩히 여기라 너희를 거룩하게 하는 나 여호와는 거룩함이니라...(8~9절)

그 성소에서 나오지 말며 그의 하나님의 성소를 속되게 하지 말라 이는 하나님께서 성별하신 관유가 그 위에 있음이니라 나는 여호와이니라(12절)

누구든지 흠이 있는 자는 가까이 하지 못할지니 곧 맹인이나 다리 저는 자나 코가 불완전한 자나 지체가 더한 자나...(18~21절)

내가 나의 완전함에 행하였사오며 흔들리지 아니하고 여호와를 의지하였사오니 여호와여 나를 판단하소서...(26편 1~2절)

허망한 사람과 같이 앉지 아니하였사오니 간사한 자와 동행하지도 아니하리이다(26편 4절)

여호와여 내가 무죄하므로 손을 씻고 주의 제단에 두루 다니며...(26편 6~7절)

나는 나의 완전함에 행하오리니 나를 속량하시고 내게 은혜를 베푸소서(26편 11절)

여호와는 나의 빛이요 나의 구원이시니 내가 누구를 두려워하리요 여호와는 내 생명의 능력이시니 내가 누구를 무서워하리요(27편 1절)

군대가 나를 대적하여 진 칠지라도 내 마음이 두렵지 아니하며 전쟁이 일어나 나를 치려 할지라도 나는 여전히 태연하리로다...(27편 3~5절)

여호와여 내가 소리 내어 부르짖을 때에 들으시고 또한 나를 긍휼히 여기사 응답하소서...(27편 7~9절)

내 생명을 내 대적에게 맡기지 마소서 위증자와 악을 토하는 자가 일어나 나를 치려 함이니이다...(27편 12~14절)

내가 다시 해 아래에서 행하는 모든 학대를 살펴 보았도다 보라 학대 받는 자들의 눈물이로다 그들에게 위로자가 없도다 그들을 학대하는 자들의 손에는 권세가 있으나 그들에게는 위로자가 없도다(1절)

내가 또 본즉 사람이 모든 수고와 모든 재주로 말미암아 이웃에게 시기를 받으니 이것도 헛되어 바람을 잡는 것이로다...(4~5절)

어떤 사람은 아들도 없고 형제도 없이 홀로 있으나 그의 모든 수고에는 끝이 없도다 또 비록 그의 눈은 부요를 족하게 여기지 아니하면서 이르기를 내가 누구를 위하여는 이같이 수고하고 나를 위하여는 행복을 누리지 못하게 하는가 하여도 이것도 헛되어 불행한 노고로다...(8~12절)

그의 치리를 받는 모든 백성들이 무수하였을지라도 후에 오는 자들은 그를 기뻐하지 아니하리니 이것도 헛되어 바람을 잡는 것이로다(16절)

믿는 상전이 있는 자들은 그 상전을 형제라고 가볍게 여기지 말고 더 잘 섬기게 하라 이는 유익을 받는 자들이 믿는 자요 사랑을 받는 자임이라 너는 이것들을 가르치고 권하라...(2~8절)

돈을 사랑함이 일만 악의 뿌리가 되나니 이것을 탐내는 자들은 미혹을 받아 믿음에서 떠나 많은 근심으로써 자기를 찔렀도다...(10~12절)

네가 이 세대에서 부한 자들을 명하여 마음을 높이지 말고 정함이 없는 재물에 소망을 두지 말고 오직 우리에게 모든 것을 후히 주사 누리게 하시는 하나님께 두며...(17~18절)

## III. 묵상을 위한 질문

1. 여호와 하나님은 제사장을 이스라엘 백성의 누구라고 하셨나요?(4)

2. 아론의 자손 제사장들 중에 육체의 흠이 있는 자가 거룩한 하나님께 나아갈 수 없는 이유는 무엇일까요?(17~21,23)

3. 다윗이 여호와 하나님께 기도할 때 자신의 무엇을 주장하였나요?(26:1,6,11)

4. 다윗이 여호와 하나님 앞에서 늘 소망했던 것은 무엇일까요?(26:8,27:4~5)

5. 솔로몬은 모든 수고와 재주를 가진 자가 이웃에게 무엇을 당하는 것을 보았나요?(4)

6. 좋은 상을 얻기 위해 함께 살아가는 자들이 갖출 자격은 무엇일까요?(8~12)

7. 바울은 디모데에게 경건생활과 대치되는 것이 무엇이라고 말했나요?(3,5~8,10)

8. 말씀과 경건에 힘쓰는 하나님의 사람의 또 다른 자격은 무엇일까요?(3,11~12)

## Ⅳ. 기도

1. 주여, 주님께 나아가는 목사요 성도들에게 꼴을 먹이는 자로서 항상 정결하게 하옵소서.
2. 주여, 다윗이 어떤 상황에도 바르게 생활 한 것처럼 우리도 그렇게 행동하게 하옵소서.
3. 주여, 예수의 말씀과 경건에 힘쓰고 선한 싸움을 싸워 이기는 자가 되게 하옵소서.

• 하나님 마음 알아가기 •

• 나에게 주시는 말씀(암송하기) •

• 오늘의 감사(기록하기) •

## I. 맥체인성경의 통독구조 <108>

1. 영혼의 양식 먹기 : 하나님의 말씀을 먹는 방법은 매우 다양하다.

   듣기, 읽기, 공부하기, 암송하기, 묵상하기, 적용하기

2. 단품, 코스, 퓨전, 뷔페 다양하게 먹기 : 어떤 음식을 어떻게 먹느냐에 따라

   그 맛이 다르다. 맥체인성경 통독은 다양한 맛을 느끼게 하는 구조이다.

## II. 핵심구절 읽기

| 성경본문 | 레위기 22장 | 시편 28~29편 | 전도서 5장 | 디모데후서 1장 |
|---|---|---|---|---|
| 통일주제 | 속성(어떤 개체의 성질을 세분화하여 묘사한 것으로 기독교에서는 하나님의 고유한 성품을 말함) | | | |
| 개별주제 | 제사를 받으시는 여호와 하나님의 거룩하신 속성 | 기도를 응답하시는 여호와 하나님의 전능하신 속성 | 예배를 살피시는 여호와 하나님의 진실하신 속성 | 바울과 디모데를 부르신 여호와 하나님의 전지하신 속성 |
| 연합내용 | **창조주 하나님은 절대적 속성을 가지고 계신다. 또한 그의 주권적 속성으로 일꾼을 부르신다. 따라서 모든 피조물은 영광과 찬송을 받으시기에 합당하신 하나님께 제사와 예배와 기도로 나아가야 한다.** | | | |
| 핵심구절 | 2~7,10,14<br>18~20,23~25,27<br>29~30 | 28:1~2,6~9<br>29:1~2,10~11 | 1~7,10,12~16<br>18~19 | 3~8,13~17 |

### • 레위기 22장 - 제사를 받으시는 여호와 하나님의 거룩하신 속성

아론과 그의 아들들에게 말하여 그들로 이스라엘 자손이 내게 드리는 그 성물에 대하여 스스로 구별하여 내 성호를 욕되게 함이 없게 하라 나는 여호와이니라...(2~7절)

일반인은 성물을 먹지 못할 것이며 제사장의 객이나 품꾼도 다 성물을 먹지 못할 것이니라(10절)

만일 누가 부지중에 성물을 먹으면 그 성물에 그것의 오분의 일을 더하여 제사장에게 줄지니라(14절)

아론과 그의 아들들과 이스라엘 온 족속에게 말하여 이르라 이스라엘 자손이나 그 중에 거류하는 자가 서원제물이나 자원제물로 번제와 더불어 여호와께 예물로 드리려

거든...(18~20절)

소나 양의 지체가 더하거나 덜하거나 한 것은 너희가 자원제물로는 쓰려니와 서원제물로 드리면 기쁘게 받으심이 되지 못하리라...(23~25절)

수소나 양이나 염소가 나거든 이레 동안 그것의 어미와 같이 있게 하라 여덟째 날 이후로는 여호와께 화제로 예물을 드리면 기쁘게 받으심이 되리라(27절)

너희가 여호와께 감사제물을 드리려거든 너희가 기쁘게 받으심이 되도록 드릴지며...(29~30절)

### • 시편 28~29편 - 기도를 응답하시는 여호와 하나님의 전능하신 속성

여호와여 내가 주께 부르짖으오니 나의 반석이여 내게 귀를 막지 마소서 주께서 내게 잠잠하시면 내가 무덤에 내려가는 자와 같을까 하나이다...(28편 1~2절)

여호와를 찬송함이여 내 간구하는 소리를 들으심이로다...(28편 6~9절)

너희 권능 있는 자들아 영광과 능력을 여호와께 돌리고 돌릴지어다...(29편 1~2절)

여호와께서 홍수 때에 좌정하셨음이여 여호와께서 영원하도록 왕으로 좌정하시도다...(29편 10~11절)

### • 전도서 5장 - 예배를 살피시는 여호와 하나님의 진실하신 속성

너는 하나님의 집에 들어갈 때에 네 발을 삼갈지어다 가까이 하여 말씀을 듣는 것이 우매한 자들이 제물 드리는 것보다 나으니 그들은 악을 행하면서도 깨닫지 못함이니라...(1~7절)

은을 사랑하는 자는 은으로 만족하지 못하고 풍요를 사랑하는 자는 소득으로 만족하지 아니하나니 이것도 헛되도다(10절)

노동자는 먹는 것이 많든지 적든지 잠을 달게 자거니와 부자는 그 부요함 때문에 자지 못하느니라...(12~16절)

사람이 하나님께서 그에게 주신 바 그 일평생에 먹고 마시며 해 아래에서 하는 모든 수고 중에서 낙을 보는 것이 선하고 아름다움을 내가 보았나니 그것이 그의 몫이로다...(18~19절)

내가 밤낮 간구하는 가운데 쉬지 않고 너를 생각하여 청결한 양심으로 조상적부터 섬겨 오는 하나님께 감사하고...(3~8절)

너는 그리스도 예수 안에 있는 믿음과 사랑으로써 내게 들은 바 바른 말을 본받아 지키고...(13~17절)

## III. 묵상을 위한 질문

1. 제사장은 이스라엘 자손이 여호와께 드린 성물을 어떻게 먹어야 할까요?(2,4~7)

2. 서원제물, 자원제물, 감사제물을 드릴 때 어떤 자세로 드려야 할까요?(18~19,29)

3. 다윗은 여호와 하나님을 자신의 무엇이라고 고백했나요?(28:1,7~8)

4. 다윗은 여호와 하나님의 능력을 무엇으로 표현했나요?(29:3~5,7~9)

5. 솔로몬은 하나님께 나아가는 자가 어떤 자세를 가져야 한다고 했나요?(1~2,4)

6. 솔로몬은 부요함과 재물의 한계를 어떻게 표현했나요?(11,13~16)

7. 바울은 복음으로 낳은 아들 디모데 속에 무엇과 무엇이 있음을 알았나요?(5~6)

8. 바울이 복음의 선포자와 사도일 때 그를 버린 자와 돌본 자는 누구일까요?(15~16)

## IV. 기도

1. 주여, 성도들이 정성껏 드린 예물을 바르게 사용할 수 있는 정직을 주옵소서.
2. 주여, 날마다 하나님과 예수님을 체험적으로 고백하는 삶의 신앙을 주옵소서.

3. 주여, 주의 일을 하는 자에게 훼방자가 되지 말고 돕는 자가 되게 하옵소서.

<br>

### • 하나님 마음 알아가기 •

<br>
<br>
<br>

### • 나에게 주시는 말씀(암송하기) •

<br>
<br>
<br>

### • 오늘의 감사(기록하기) •

<br>
<br>
<br>

## Ⅰ. 맥체인성경의 통독구조<109>

1. 워드링크(Word Link) : 단어를 서로 연결한다. 성경 4장에는 같은 단어가 서로 연결되어 있고, 표현이 다른 단어지만 뜻이 같아 연결되어 있다.
2. 통일성 : 구약과 신약은 예수 안에서 연결되고 통일된다. 이것을 통독하면서 찾아 해석하는 구조이다.

## Ⅱ. 핵심구절 읽기

| 성경본문 | 레위기 23장 | 시편 30편 | 전도서 6장 | 디모데후서 2장 |
|---|---|---|---|---|
| 통일주제 | 안식(인간이 하나님의 은혜 안에서 영육간에 편안히 쉼을 얻음) | | | |
| 개별주제 | 이스라엘백성이 절기를 통해 주 안에서 안식함 | 다윗이 고난 중에서 기도응답을 통해 안식함 | 솔로몬이 해 아래 있는 거짓된 안식을 소개함 | 모든 죄인이 예수 그리스도의 구원 안에서 안식함 |
| 연합내용 | **죄로 인하여 늙고 병들어 죽게 된 인간은 참된 안식을 소망하게 되었다. 오직 그 소망의 성취는 재물과 부요와 존귀와 수고에 있지 않고 주 예수 그리스도 안에서의 절기적 제사와 진실한 기도에 있다.** | | | |
| 핵심구절 | 2~3,5~6,10~12 15~16,21~22,24 27~29,34,38~40, 43 | 1~5,7,10~11 | 2~3,6~9 | 3~7,10~12,15~17 20~22,24~26 |

### • 레위기 23장 - 이스라엘백성이 절기를 통해 주 안에서 안식함

이스라엘 자손에게 말하여 이르라 이것이 나의 절기들이니 너희가 성회로 공포할 여호와의 절기들이니라...(2~3절)
첫째 달 열나흗날 저녁은 여호와의 유월절이요...(5~6절)
이스라엘 자손에게 말하여 이르라 너희는 내가 너희에게 주는 땅에 들어가서 너희의 곡물을 거둘 때에 너희의 곡물의 첫 이삭 한 단을 제사장에게로 가져갈 것이요...(10~12절)
안식일 이튿날 곧 너희가 요제로 곡식단을 가져온 날부터 세어서 일곱 안식일의 수효를 채우고...(15~16절)

이 날에 너희는 너희 중에 성회를 공포하고 어떤 노동도 하지 말지니 이는 너희가 그 거주하는 각처에서 대대로 지킬 영원한 규례니라...(21~22절)

이스라엘 자손에게 말하여 이르라 일곱째 달 곧 그 달 첫 날은 너희에게 쉬는 날이 될 지니 이는 나팔을 불어 기념할 날이요 성회라(24절)

일곱째 달 열흘날은 속죄일이니 너희는 성회를 열고 스스로 괴롭게 하며 여호와께 화 제를 드리고...(27~29절)

이스라엘 자손에게 말하여 이르라 일곱째 달 열닷샛날은 초막절이니 여호와를 위하 여 이레 동안 지킬 것이라(34절)

이는 여호와의 안식일 외에, 너희의 헌물 외에, 너희의 모든 서원제물 외에 또 너희의 모든 자원제물 외에 너희가 여호와께 드리는 것이니라...(38~40절)

이는 내가 이스라엘 자손을 애굽 땅에서 인도하여 내던 때에 초막에 거주하게 한 줄을 너희 대대로 알게 함이니라 나는 너희의 하나님 여호와이니라(43절)

## • 시편 30편 - 다윗이 고난 중에서 기도응답을 통해 안식함

여호와여 내가 주를 높일 것은 주께서 나를 끌어내사 내 원수로 하여금 나로 말미암아 기뻐하지 못하게 하심이니이다...(1~5절)

여호와여 주의 은혜로 나를 산 같이 굳게 세우셨더니 주의 얼굴을 가리시매 내가 근심 하였나이다(7절)

여호와여 들으시고 내게 은혜를 베푸소서 여호와여 나를 돕는 자가 되소서 하였나이 다...(10~11절)

## • 전도서 6장 - 솔로몬이 해 아래 있는 거짓된 안식을 소개함

어떤 사람은 그의 영혼이 바라는 모든 소원에 부족함이 없어 재물과 부요와 존귀를 하 나님께 받았으나 하나님께서 그가 그것을 누리도록 허락하지 아니하셨으므로 다른 사람이 누리나니 이것도 헛되어 악한 병이로다...(2~3절)

그가 비록 천 년의 갑절을 산다 할지라도 행복을 보지 못하면 마침내 다 한 곳으로 돌 아가는 것뿐이 아니냐...(6~9절)

너는 그리스도 예수의 좋은 병사로 나와 함께 고난을 받으라...(3~7절)

그러므로 내가 택함 받은 자들을 위하여 모든 것을 참음은 그들도 그리스도 예수 안에 있는 구원을 영원한 영광과 함께 받게 하려 함이라...(10~12절)

너는 진리의 말씀을 옳게 분별하며 부끄러울 것이 없는 일꾼으로 인정된 자로 자신을 하나님 앞에 드리기를 힘쓰라...(15~17절)

큰 집에는 금 그릇과 은 그릇뿐 아니라 나무 그릇과 질그릇도 있어 귀하게 쓰는 것도 있고 천하게 쓰는 것도 있나니...(20~22절)

주의 종은 마땅히 다투지 아니하고 모든 사람에 대하여 온유하며 가르치기를 잘하며 참으며...(24~26절)

## Ⅲ. 묵상을 위한 질문

1. 여호와께서 이스라엘 자손에게 명하신 가장 기본이 되는 절기는 무엇일까요?(2~3)

2. 여호와의 성회에 할 일과 해서는 안 될 일은 무엇일까요?(3,8,25,27~28,36)

3. 다윗이 고난 중에서 참된 평안의 안식으로 들어간 것은 무엇 때문일까요?(1~3)

4. 다윗은 하나님의 노염과 그의 은총에 대해서 어떻게 말했나요?(5,11)

5. 솔로몬이 본 또 한 가지 불행한 일은 무엇이었나요?(2)

6. 솔로몬은 모든 사람이 자신의 무엇을 위하여 수고한다고 말했나요?(7)

7. 바울은 목회자 디모데에게 어떤 사역자가 되라고 권면했나요?(3~4,15)

8. 바울은 인간을 무엇에 비유했으며 어떤 조건을 갖추어야 귀히 쓰임을 받는다고 했나요?(20~21)

## Ⅳ. 기도

1. 주여, 하나님께서 우리에게 정해 주신 절기인 주일을 온전히 지키게 하옵소서.
2. 주여, 하나님의 노염은 잠깐임을 알고 회개하여 평생의 은총을 얻게 하옵소서.
3. 주여, 예수 그리스도의 사역자로서 의와 믿음과 사랑과 화평을 쫓게 하옵소서.

### • 하나님 마음 알아가기 •

### • 나에게 주시는 말씀(암송하기) •

### • 오늘의 감사(기록하기) •

## I. 맥체인성경의 통독구조<110>

편하게 읽을 것인가, 유익하게 읽을 것인가?

편하게 읽는다는 것은 생각을 단순화 시키는 것과 같다. 따라서 유익하게 읽으려면 사고를 동원해야 한다. 맥체인성경은 기존의 편한 방식에서 유익의 방식으로 사고와 적용을 전환시켜 준다.

## II. 핵심구절 읽기

| 성경본문 | 레위기 24장 | 시편 31편 | 전도서 7장 | 디모데후서 3장 |
|---|---|---|---|---|
| 통일주제 | 지속(어떤 상태가 끊이지 않고 오래 계속되거나 유지됨) | | | |
| 개별주제 | 지속적으로 등잔불을 꺼뜨리지 않는 제사장 | 지속적으로 기도하여 건져내심을 받는 다윗 | 지속적으로 참된 신앙의 삶을 추구하는 인생 | 지속적으로 경건과 말씀을 통해 구원받는 성도 |
| 연합내용 | **하나님은 성실하심이 크시고 영원하시다. 따라서 예수님을 믿은 하나님의 자녀는 기도와 말씀 그리고 제사드림과 경외함에 있어서 성실해야 한다. 성도의 능력은 성실함의 지속성에 있는 것이다.** | | | |
| 핵심구절 | 2~3,5~6,8 10~11,14~16 19~20 | 1~5,9~10,13~14 17,19~20,23~24 | 2,4~5,7,10,14 18~19,21,25~26 28~29 | 1~5,10~12,14~17 |

### • 레위기 24장 - 지속적으로 등잔불을 꺼뜨리지 않는 제사장

이스라엘 자손에게 명령하여 불을 켜기 위하여 감람을 찧어낸 순결한 기름을 네게로 가져오게 하여 계속해서 등잔불을 켜 둘지며...(2~3절)

너는 고운 가루를 가져다가 떡 열두 개를 굽되 각 덩이를 십분의 이 에바로 하여...(5~6절)

안식일마다 이 떡을 여호와 앞에 항상 진설할지니 이는 이스라엘 자손을 위한 것이요 영원한 언약이니라(8절)

이스라엘 자손 중에 그의 어머니가 이스라엘 여인이요 그의 아버지는 애굽 사람인 어떤 사람이 나가서 한 이스라엘 사람과 진영 중에서 싸우다가...(10~11절)

그 저주한 사람을 진영 밖으로 끌어내어 그것을 들은 모든 사람이 그들의 손을 그의 머리에 얹게 하고 온 회중이 돌로 그를 칠지니라...(14~16절)

사람이 만일 그의 이웃에게 상해를 입혔으면 그가 행한 대로 그에게 행할 것이니...(19~20절)

## • 시편 31편 - 지속적으로 기도하여 건져내심을 받는 다윗

여호와여 내가 주께 피하오니 나를 영원히 부끄럽게 하지 마시고 주의 공의로 나를 건지소서...(1~5절)

여호와여 내가 고통 중에 있사오니 내게 은혜를 베푸소서 내가 근심 때문에 눈과 영혼과 몸이 쇠하였나이다...(9~10절)

내가 무리의 비방을 들었으므로 사방이 두려움으로 감싸였나이다 그들이 나를 치려고 함께 의논할 때에 내 생명을 빼앗기로 꾀하였나이다...(13~14절)

여호와여 내가 주를 불렀사오니 나를 부끄럽게 하지 마시고 악인들을 부끄럽게 하사 스올에서 잠잠하게 하소서(17절)

주를 두려워하는 자를 위하여 쌓아 두신 은혜 곧 주께 피하는 자를 위하여 인생 앞에 베푸신 은혜가 어찌 그리 큰지요...(19~20절)

너희 모든 성도들아 여호와를 사랑하라 여호와께서 진실한 자를 보호하시고 교만하게 행하는 자에게 엄중히 갚으시느니라...(23~24절)

## • 전도서 7장 - 지속적으로 참된 신앙의 삶을 추구하는 인생

초상집에 가는 것이 잔칫집에 가는 것보다 나으니 모든 사람의 끝이 이와 같이 됨이라 산 자는 이것을 그의 마음에 둘지어다(2절)

지혜자의 마음은 초상집에 있으되 우매한 자의 마음은 혼인집에 있느니라...(4~5절)

탐욕이 지혜자를 우매하게 하고 뇌물이 사람의 명철을 망하게 하느니라(7절)

옛날이 오늘보다 나은 것이 어찜이냐 하지 말라 이렇게 묻는 것은 지혜가 아니니라(10절)

형통한 날에는 기뻐하고 곤고한 날에는 되돌아 보아라 이 두 가지를 하나님이 병행하게 하사 사람이 그의 장래 일을 능히 헤아려 알지 못하게 하셨느니라(14절)

너는 이것도 잡으며 저것에서도 네 손을 놓지 아니하는 것이 좋으니 하나님을 경외하는 자는 이 모든 일에서 벗어날 것임이니라...(18~19절)

또한 사람들이 하는 모든 말에 네 마음을 두지 말라 그리하면 네 종이 너를 저주하는 것을 듣지 아니하리라(21절)

내가 돌이켜 전심으로 지혜와 명철을 살피고 연구하여 악한 것이 얼마나 어리석은 것이요 어리석은 것이 얼마나 미친 것인 줄을 알고자 하였더니...(25~26절)
내 마음이 계속 찾아 보았으나 아직도 찾지 못한 것이 이것이라 천 사람 가운데서 한 사람을 내가 찾았으나 이 모든 사람들 중에서 여자는 한 사람도 찾지 못하였느니라...(28~29절)

**• 디모데후서 3장 - 지속적으로 경건과 말씀을 통해 구원받는 성도**

너는 이것을 알라 말세에 고통하는 때가 이르러...(1~5절)
나의 교훈과 행실과 의향과 믿음과 오래 참음과 사랑과 인내와...(10~12절)
그러나 너는 배우고 확신한 일에 거하라 너는 네가 누구에게서 배운 것을 알며...(14~17절)

## Ⅲ. 묵상을 위한 질문

1. 여호와 하나님은 감람유로 계속 등잔불을 켜두라고 하신 이유는 무엇일까요?(2~3)

2. 여호와의 이름을 모독한 자는 누구든지 어떻게 처단해야 할까요?(11,14,16)

3. 다윗이 지속적으로 부른 여호와 하나님의 이름은 무엇이었나요?(2~3,5,14)

4. 다윗은 기도 응답을 받았을 때 모든 성도들에게 어떤 말을 했나요?(21,23~24)

5. 솔로몬은 불공평한 세상사를 이길 힘이 어디에 있다고 했나요?(15~18,26)

6. 솔로몬이 깨달은 매우 깊고 독특한 두 가지 내용은 무엇일까요?(25~26,28~29)

7. 바울은 디모데에게 말세가 다가오면 인류사회 가운데 어떤 일들이 일어난다고 했나요?(1~5)

8. 바울은 디모데에게 말세에 승리하는 삶은 무엇 중심이어야 한다고 했나요?(14~17)

# Ⅳ. 기도

1. 주여, 주님과의 교제인 기도의 불을 꺼뜨리지 않게 하옵소서.
2. 주여, 하나님의 건져주심을 체험한 자로서 모든 이에게 선포하게 하옵소서.
3. 주여, 말세에 경건의 능력을 갖고 성경을 알며 전하는 자가 되게 하옵소서.

## • 하나님 마음 알아가기 •

## • 나에게 주시는 말씀(암송하기) •

## • 오늘의 감사(기록하기) •

## I. 맥체인성경의 통독구조<111>

익숙하게 읽을 것인가, 새롭게 읽을 것인가?

습관적으로, 전통적으로 읽으면 익숙하게 읽을 수는 있다. 하지만 새롭게 읽으려면 지도와 도움이 필요하다. 맥체인성경 통독은 약간의 훈련이 필요한 구조다.

## II. 핵심구절 읽기

| 성경본문 | 레위기 25장 | 시편 32편 | 전도서 8장 | 디모데후서 4장 |
|---|---|---|---|---|
| 통일주제 | 속량(예수가 인간의 죄와 고난을 대신 담당함으로 그를 구원해 주는 것) | | | |
| 개별주제 | 채무와 빚에서 속량을 받음 | 허물과 죄에서 속량을 받음 | 불공평한 일에서 속량을 받음 | 고난과 해에서 속량을 받음 |
| 연합내용 | **세상은 마귀로 인하여 악하고 인간은 부패함과 연약함 때문에 죄와 한계 속에서 산다. 성부, 성자, 성령하나님은 채무와 빚, 허물과 죄, 불공평한 일, 고난과 해를 당하는 인생을 속량의 은혜로 구원해 주신다.** | | | |
| 핵심구절 | 2~5,8~10,14~16 20~24,28~30,33 35~37,39~40 46,50,55 | 1~2,5~7,10~11 | 1,5~6,9~14 16~17 | 1~5,7~8,11~15 17~18 |

### • 레위기 25장 - 채무와 빚에서 속량을 받음

이스라엘 자손에게 말하여 이르라 너희는 내가 너희에게 주는 땅에 들어간 후에 그 땅으로 여호와 앞에 안식하게 하라...(2~5절)

너는 일곱 안식년을 계수할지니 이는 칠 년이 일곱 번인즉 안식년 일곱 번 동안 곧 사십구 년이라...(8~10절)

네 이웃에게 팔든지 네 이웃의 손에서 사거든 너희 각 사람은 그의 형제를 속이지 말라...(14~16절)

만일 너희가 말하기를 우리가 만일 일곱째 해에 심지도 못하고 소출을 거두지도 못하면 우리가 무엇을 먹으리요 하겠으나...(20~24절)

그러나 자기가 무를 힘이 없으면 그 판 것이 희년에 이르기까지 산 자의 손에 있다가 희년에 이르러 돌아올지니 그것이 곧 그의 기업으로 돌아갈 것이니라...(28~30절)

만일 레위 사람이 무르지 아니하면 그의 소유 성읍의 판 가옥은 희년에 돌려 보낼지니 이는 레위 사람의 성읍의 가옥은 이스라엘 자손 중에서 받은 그들의 기업이 됨이니라 (33절)

네 형제가 가난하게 되어 빈 손으로 네 곁에 있거든 너는 그를 도와 거류민이나 동거인처럼 너와 함께 생활하게 하되...(35~37절)

너와 함께 있는 네 형제가 가난하게 되어 네게 몸이 팔리거든 너는 그를 종으로 부리지 말고...(39~40절)

너희는 그들을 너희 후손에게 기업으로 주어 소유가 되게 할 것이라 이방인 중에서는 너희가 영원한 종을 삼으려니와 너희 동족 이스라엘 자손은 너희가 피차 엄하게 부리지 말지니라(46절)

자기 몸이 팔린 해로부터 희년까지를 그 산 자와 계산하여 그 연수를 따라서 그 몸의 값을 정할 때에 그 사람을 섬긴 날을 그 사람에게 고용된 날로 여길 것이라(50절)

이스라엘 자손은 나의 종들이 됨이라 그들은 내가 애굽 땅에서 인도하여 낸 내 종이요 나는 너희의 하나님 여호와이니라(55절)

## • 시편 32편 - 허물과 죄에서 속량을 받음

허물의 사함을 받고 자신의 죄가 가려진 자는 복이 있도다...(1~2절)

내가 이르기를 내 허물을 여호와께 자복하리라 하고 주께 내 죄를 아뢰고 내 죄악을 숨기지 아니하였더니 곧 주께서 내 죄악을 사하셨나이다...(5~7절)

악인에게는 많은 슬픔이 있으나 여호와를 신뢰하는 자에게는 인자하심이 두르리로다...(10~11절)

## • 전도서 8장 - 불공평한 일에서 속량을 받음

누가 지혜자와 같으며 누가 사물의 이치를 아는 자이냐 사람의 지혜는 그의 얼굴에 광채가 나게 하나니 그의 얼굴의 사나운 것이 변하느니라(1절)

명령을 지키는 자는 불행을 알지 못하리라 지혜자의 마음은 때와 판단을 분변하나니...(5~6절)

내가 이 모든 것들을 보고 해 아래에서 행하는 모든 일을 마음에 두고 살핀즉 사람이 사람을 주장하여 해롭게 하는 때가 있도다...(9~14절)

내가 마음을 다하여 지혜를 알고자 하며 세상에서 행해지는 일을 보았는데 밤낮으로 자지 못하는 자도 있도다...(16~17절)

하나님 앞과 살아 있는 자와 죽은 자를 심판하실 그리스도 예수 앞에서 그가 나타나실 것과 그의 나라를 두고 엄히 명하노니...(1~5절)

나는 선한 싸움을 싸우고 나의 달려갈 길을 마치고 믿음을 지켰으니...(7~8절)

누가만 나와 함께 있느니라 네가 올 때에 마가를 데리고 오라 그가 나의 일에 유익하니라...(11~15절)

주께서 내 곁에 서서 나에게 힘을 주심은 나로 말미암아 선포된 말씀이 온전히 전파되어 모든 이방인이 듣게 하려 하심이니 내가 사자의 입에서 건짐을 받았느니라...(17~18절)

## Ⅲ. 묵상을 위한 질문

1. 하나님은 모세와 이스라엘 자손에게 무엇까지도 안식케 하라고 하셨나요?(4)

2. 하나님은 사람의 채무관계 문제와 땅의 소유관계 문제 등을 어떤 절기제도를 통해 해결하셨나요?(10,28,33,54)

3. 신앙을 가진 다윗은 무엇이 복이라고 고백했나요?(1~2,5)

4. 다윗은 사람들에게 어떤 동물을 닮지 말라고 했나요?(9)

5. 솔로몬은 인생들이 악을 행함에 있어 담대한 이유를 무엇이라고 했나요?(11)

6. 솔로몬은 해 아래에서 벌어지는 모든 불공평한 일에서 속량을 받는 길은 무엇에 달려 있다고 했나요?(12~13)

7. 바울은 디모데에게 자신의 살아온 삶을 어떻게 표현했나요?(7~8)

8. 바울이 함께했던 자와 의지했던 자와 경계했던 자는 누구일까요?(11,14)

## Ⅳ. 기도

1. 주여, 우리에게 맡겨주신 하늘과 땅, 자연 모든 것을 온전히 다스리게 하옵소서.
2. 주여, 우리로 하여금 영적인 복과 육적인 복을 분별하며 감사하게 하옵소서.
3. 주여, 선한 싸움을 싸우는 주의 일꾼으로서 날마다 승리하게 하옵소서.

### • 하나님 마음 알아가기 •

### • 나에게 주시는 말씀(암송하기) •

### • 오늘의 감사(기록하기) •

## Ⅰ. 맥체인성경의 통독구조<112>

시대적, 공간적 역사하심 찾기

하나님의 사역은 시대적으로 공간적으로 섬세하게 나타나며 또 역사한다. 따라서 한 시대만을 연속해서 읽는 것이 아니라 다양한 본문을 읽으면 매우 유익하다.

## Ⅱ. 핵심구절 읽기

| 성경본문 | 레위기 26장 | 시편 33편 | 전도서 9장 | 디도서 1장 |
|---|---|---|---|---|
| 통일주제 | 경외(하나님을 공경하고 두려워 함) | | | |
| 개별주제 | 하나님을 경외하는 자가 우상을 만들지 않고 안식일을 지킴 | 하나님을 경외하는 자가 그를 찬양하며 즐거워하고 의지함 | 하나님을 경외하는 자가 그 손 안에서 복을 받으며 누림 | 하나님을 경외하는 자가 전도를 하며 일꾼을 세우고 가르치며 꾸짖음 |
| 연합내용 | **하나님은 우리를 창조하시고 구원하셨다. 그러므로 우리는 우상을 만들지 말고 주일을 지키며 즐겨 찬양하고 주신 것을 감사함으로 누리며 주신 소명에 따라 전도하고 일꾼을 세워 그 나라와 의를 이루어 가야 한다.** | | | |
| 핵심구절 | 1~5,8~12,15~16,18 21,23~24,27~30 33~35,40~42, 44~45 | 1~5,8,11~12,15 18~21 | 1,3~5,7~10,12 14~15,18 | 2~3,5~9,10~14 16 |

### • 레위기 26장 - 하나님을 경외하는 자가 우상을 만들지 않고 안식일을 지킴

너희는 자기를 위하여 우상을 만들지 말지니 조각한 것이나 주상을 세우지 말며 너희 땅에 조각한 석상을 세우고 그에게 경배하지 말라 나는 너희의 하나님 여호와임이니라...(1~5절)

또 너희 다섯이 백을 쫓고 너희 백이 만을 쫓으리니 너희 대적들이 너희 앞에서 칼에 엎드러질 것이며...(8~12절)

내 규례를 멸시하며 마음에 내 법도를 싫어하여 내 모든 계명을 준행하지 아니하며 내 언약을 배반할진대...(15~16절)

또 만일 너희가 그렇게까지 되어도 내게 청종하지 아니하면 너희의 죄로 말미암아 내

가 너희를 일곱 배나 더 징벌하리라(18절)

너희가 나를 거슬러 내게 청종하지 아니할진대 내가 너희의 죄대로 너희에게 일곱 배나 더 재앙을 내릴 것이라(21절)

이런 일을 당하여도 너희가 내게로 돌아오지 아니하고 내게 대항할진대...(23~24절)

너희가 이같이 될지라도 내게 청종하지 아니하고 내게 대항할진대...(27~30절)

내가 너희를 여러 민족 중에 흩을 것이요 내가 칼을 빼어 너희를 따르게 하리니 너희의 땅이 황무하며 너희의 성읍이 황폐하리라...(33~35절)

그들이 나를 거스른 잘못으로 자기의 죄악과 그들의 조상의 죄악을 자복하고 또 그들이 내게 대항하므로...(40~42절)

그런즉 그들이 그들의 원수들의 땅에 있을 때에 내가 그들을 내버리지 아니하며 미워하지 아니하며 아주 멸하지 아니하고 그들과 맺은 내 언약을 폐하지 아니하리니 나는 여호와 그들의 하나님이 됨이니라...(44~45절)

## • 시편 33편 - 하나님을 경외하는 자가 그를 찬양하며 즐거워하고 의지함

너희 의인들아 여호와를 즐거워하라 찬송은 정직한 자들이 마땅히 할 바로다...(1~5절)

온 땅은 여호와를 두려워하며 세상의 모든 거민들은 그를 경외할지어다(8절)

여호와의 계획은 영원히 서고 그의 생각은 대대에 이르리로다...(11~12절)

그는 그들 모두의 마음을 지으시며 그들이 하는 일을 굽어살피시는 이로다(15절)

여호와는 그를 경외하는 자 곧 그의 인자하심을 바라는 자를 살피사...(18~21절)

## • 전도서 9장 - 하나님을 경외하는 자가 그 손 안에서 복을 받으며 누림

이 모든 것을 내가 마음에 두고 이 모든 것을 살펴 본즉 의인들이나 지혜자들이나 그들의 행위나 모두 다 하나님의 손 안에 있으니 사랑을 받는지 미움을 받는지 사람이 알지 못하는 것은 모두 그들의 미래의 일들임이니라(1절)

모든 사람의 결국은 일반이라 이것은 해 아래에서 행해지는 모든 일 중의 악한 것이니 곧 인생의 마음에는 악이 가득하여 그들의 평생에 미친 마음을 품고 있다가 후에는 죽은 자들에게로 돌아가는 것이라...(3~5절)

너는 가서 기쁨으로 네 음식물을 먹고 즐거운 마음으로 네 포도주를 마실지어다 이는 하나님이 네가 하는 일들을 벌써 기쁘게 받으셨음이니라...(7~10절)

분명히 사람은 자기의 시기도 알지 못하나니 물고기들이 재난의 그물에 걸리고 새들

이 올무에 걸림 같이 인생들도 재앙의 날이 그들에게 홀연히 임하면 거기에 걸리느니라(12절)

곧 작고 인구가 많지 아니한 어떤 성읍에 큰 왕이 와서 그것을 에워싸고 큰 흉벽을 쌓고 치고자 할 때에...(14~15절)

지혜가 무기보다 나으니라 그러나 죄인 한 사람이 많은 선을 무너지게 하느니라(18절)

### • 디도서 1장 - 하나님을 경외하는 자가 전도를 하며 일꾼을 세우고 가르치며 꾸짖음

영생의 소망을 위함이라 이 영생은 거짓이 없으신 하나님이 영원 전부터 약속하신 것인데...(2~3절)

내가 너를 그레데에 남겨 둔 이유는 남은 일을 정리하고 내가 명한 대로 각 성에 장로들을 세우게 하려 함이니...(5~9절)

불순종하고 헛된 말을 하며 속이는 자가 많은 중 할례파 가운데 특히 그러하니...(10~14절)

그들이 하나님을 시인하나 행위로는 부인하니 가증한 자요 복종하지 아니하는 자요 모든 선한 일을 버리는 자니라(16절)


## Ⅲ. 묵상을 위한 질문

1. 여호와 하나님께서 반드시 지키라고 하신 규례와 계명은 무엇일까요?(1~3)

2. 규례와 계명을 지키지 않으면 몇 배의 벌을 받고, 다시 자복하고 돌아오면 어떤 은혜를 베풀어 주신다고 했나요?(18,21,24,28,40~42,44~45)

3. 여호와를 경외하는 의인과 정직한 자들은 항상 무엇을 즐겁게 할까요?(1~3)

4. 여호와 하나님은 자신을 경외하는 자들에게 어떤 은혜를 베푸실까요?(12,18~19)

5. 솔로몬은 모든 사람의 미래의 일들이 누구 손에 달려 있다고 했나요?(1)

6. 솔로몬은 해 아래서 하나님이 주신 어떤 복을 즐겁게 여기라고 했나요?(4,7,9~10)

7. 바울은 디도에게 거짓이 없으신 하나님이 자신에게 무엇을 맡겼다고 했나요?(2~3)

8. 바울은 디도에게 어떤 두 가지 일을 맡겼나요?(5,10~11,13)

## Ⅳ. 기도

1. 주여, 주님의 규례와 계명을 지켜 벌을 피하고 복을 누리며 평안케 하옵소서.
2. 주여, 하나님을 경외함으로 그 능하신 손 아래서 미래의 일을 이루게 하옵소서.
3. 주여, 거짓이 없으신 하나님의 말씀을 전하며 일꾼을 세우는 자가 되게 하옵소서.

### • 하나님 마음 알아가기 •

### • 나에게 주시는 말씀(암송하기) •

### • 오늘의 감사(기록하기) •

## I. 맥체인성경의 통독구조<113>

역사이해란 과거의 역사를 살피고 오늘의 관점에서 다시 해석한다.

성경해석은 세 가지 관점에서 봐야 한다. 그것은 본문시대의 역사, 기록시대의 역사, 독자시대의 역사다. 맥체인성경은 이런 성경해석을 훈련하는데 도움을 준다.

## II. 핵심구절 읽기

| 성경본문 | 레위기 27장 | 시편 34편 | 전도서 10장 | 디도서 2장 |
|---|---|---|---|---|
| 통일주제 | 작정(일을 어떻게 하기로 마음속으로 단단히 결정함) | | | |
| 개별주제 | 선민이 예물과 집과 땅으로 서원하여 작정함 | 다윗이 고난 중에 찬송과 기도와 선을 작정함 | 지혜자가 마음과 말과 행함으로 삶을 작정함 | 성도는 믿음과 사랑과 신중함으로 일을 작정함 |
| 연합내용 | **믿는 자는 평안할 때보다 어려운 일이 있을 때 하나님을 향하여 작정을 하게 된다. 때로는 물질로, 때로는 경건으로, 때로는 생활로, 때로는 성품으로 결단하고 작정하여 일을 견뎌내고 해결해 간다.** | | | |
| 핵심구절 | 2~9,14~16 20~21,26,28~30 32 | 1~4,6,8~10 12~15,17~18 | 1~2,4,10,12,14 16~17,19~20 | 2~8,11~12,15 |

### • 레위기 27장 - 선민이 예물과 집과 땅으로 서원하여 작정함

이스라엘 자손에게 말하여 이르라 만일 어떤 사람이 사람의 값을 여호와께 드리기로 분명히 서원하였으면 너는 그 값을 정할지니...(2~9절)

만일 어떤 사람이 자기 집을 성별하여 여호와께 드리려하면 제사장이 그 우열간에 값을 정할지니 그 값은 제사장이 정한 대로 될 것이며...(14~16절)

만일 그가 그 밭을 무르지 아니하려거나 타인에게 팔았으면 다시는 무르지 못하고...(20~21절)

오직 가축 중의 처음 난 것은 여호와께 드릴 첫 것이라 소나 양은 여호와의 것이니 누구든지 그것으로는 성별하여 드리지 못할 것이며(26절)

어떤 사람이 자기 소유 중에서 오직 여호와께 온전히 바친 모든 것은 사람이든지 가축이든지 기업의 밭이든지 팔지도 못하고 무르지도 못하나니 바친 것은 다 여호와께 지

극히 거룩함이며...(28~30절)

모든 소나 양의 십일조는 목자의 지팡이 아래로 통과하는 것의 열 번째의 것마다 여호와의 성물이 되리라(32절)

## • 시편 34편 - 다윗이 고난 중에 찬송과 기도와 선을 작정함

내가 여호와를 항상 송축함이여 내 입술로 항상 주를 찬양하리이다...(1~4절)
이 곤고한 자가 부르짖으매 여호와께서 들으시고 그의 모든 환난에서 구원하셨도다
(6절)
너희는 여호와의 선하심을 맛보아 알지어다 그에게 피하는 자는 복이 있도다...(8~10절)
생명을 사모하고 연수를 사랑하여 복 받기를 원하는 사람이 누구뇨...(12~15절)
의인이 부르짖으매 여호와께서 들으시고 그들의 모든 환난에서 건지셨도다...(17~18절)

## • 전도서 10장 - 지혜자가 마음과 말과 행함으로 삶을 작정함

죽은 파리들이 향기름을 악취가 나게 만드는 것 같이 적은 우매가 지혜와 존귀를 난처하게 만드느니라...(1~2절)
주권자가 네게 분을 일으키거든 너는 네 자리를 떠나지 말라 공손함이 큰 허물을 용서 받게 하느니라(4절)
철 연장이 무디어졌는데도 날을 갈지 아니하면 힘이 더 드느니라 오직 지혜는 성공하기에 유익하니라(10절)
지혜자의 입의 말들은 은혜로우나 우매자의 입술들은 자기를 삼키나니(12절)
우매한 자는 말을 많이 하거니와 사람은 장래 일을 알지 못하나니 나중에 일어날 일을 누가 그에게 알리리요(14절)
왕은 어리고 대신들은 아침부터 잔치하는 나라여 네게 화가 있도다...(16~17절)
잔치는 희락을 위하여 베푸는 것이요 포도주는 생명을 기쁘게 하는 것이나 돈은 범사에 이용되느니라...(19~20절)

## • 디도서 2장 - 성도는 믿음과 사랑과 신중함으로 일을 작정함

늙은 남자로는 절제하며 경건하며 신중하며 믿음과 사랑과 인내함에 온전하게 하고...(2~8절)

모든 사람에게 구원을 주시는 하나님의 은혜가 나타나...(11~12절)
너는 이것을 말하고 권면하며 모든 권위로 책망하여 누구에게서든지 업신여김을 받
지 말라(15절)


## III. 묵상을 위한 질문

1. 여호와는 이스라엘 자손에게 무엇으로 서원할 수 있음을 말씀하셨나요?(2,9,14,16)

2. 여호와는 무엇과 무엇이 하나님의 소유임을 말씀하셨나요?(26,30)

3. 다윗은 힘들 때 하나님께 무엇을 하라고 말했나요?(4,6,15,17)

4. 다윗은 장수와 복 받는 것이 무엇에 달려 있다고 말했나요?(8~9,12~14)

5. 솔로몬은 어떤 존재가 인간의 삶 속에 폐해를 일으킨다고 말했나요?(1,8~9,16)

6. 솔로몬은 지혜자와 우매자를 무엇으로 구분했나요?(2~3,10,12)

7. 바울은 디도에게 무엇과 무엇에 따라 성도를 교훈하라고 했나요?(1~10,15)

8. 바울은 하나님이 믿는 성도들을 어떻게 양육하신다고 말했나요?(11~14)


## IV. 기도

1. 주여, 때로는 하나님의 영광과 자신의 열매를 위해 서원하게 하옵소서.
2. 주여, 어떤 상황 속에서도 기도와 지혜로 풀어가도록 역사하여 주옵소서.
3. 주여, 영혼들의 다양함과 죄악됨을 파악하고 바른 교훈으로 양육하게 하옵소서.

# 점검

## I. 맥체인성경의 통독구조<114>

영화 감상하기: 영화의 시나리오 중 중심내용은 매우 중요하며 변하지 않고 일관되게 전개된다. 하지만 무시할 수 없는 것은 그 전개과정이나 보조적인 내용이 더 큰 감동과 기억을 준다는 점이다. 구약2장, 신약2장씩 읽는 맥체인성경 통독방식은 본 중심내용 외에 다양한 감동을 줄 수 있는 구조이다.

## II. 핵심구절 읽기

| 성경본문 | 민수기 1장 | 시편 35편 | 전도서 11장 | 디도서 3장 |
|---|---|---|---|---|
| 통일주제 | 점검(하나하나 상황과 상태를 자세히 검사함) | | | |
| 개별주제 | 둘째 해 둘째 달 첫째 날에 싸움에 나갈 자를 계수하여 점검함 | 다윗이 고난 중에 자기신앙을 기도와 찬양으로 점검함 | 앞날을 모르는 자가 지혜로운 판단으로 자신을 점검함 | 구원받은 성도는 복음과 바른 행실로 이단을 점검함 |
| 연합내용 | **성도는 날마다 자신의 상황과 상태를 점검해야 한다. 선민공동체의 수요상황, 개인의 신앙상태, 개인의 행동양식, 공동체 안에서의 이단파악 등을 항상 조사하고 점검하여 온전한 열매를 맺고 유지해야 한다.** | | | |
| 핵심구절 | 1~4,16~18,21,23,25 27,29,31,33,35,37 39,41,43,46,49~53 | 1~4,7~8,11~13 17~19,22~23,26 | 1~2,5~6,9~10 | 1~7,9~10,14 |

### • 민수기 1장 - 둘째 해 둘째 달 첫째 날에 싸움에 나갈 자를 계수하여 점검함

이스라엘 자손이 애굽 땅에서 나온 후 둘째 해 둘째 달 첫째 날에 여호와께서 시내 광야 회막에서 모세에게 말씀하여 이르시되...(1~4절)

그들은 회중에서 부름을 받은 자요 그 조상 지파의 지휘관으로서 이스라엘 종족들의 우두머리라...(16~18절)

르우벤 지파에서 계수된 자는 사만 육천오백 명이었더라(21절)

시므온 지파에서 계수된 자는 오만 구천삼백 명이었더라(23절)

갓 지파에서 계수된 자는 사만 오천육백오십 명이었더라(25절)

유다 지파에서 계수된 자는 칠만 사천육백 명이었더라(27절)

잇사갈 지파에서 계수된 자는 오만 사천사백 명이었더라(29절)

스불론 지파에서 계수된 자는 오만 칠천사백 명이었더라(31절)

에브라임 지파에서 계수된 자는 사만 오백 명이었더라(33절)

므낫세 지파에서 계수된 자는 삼만 이천이백 명이었더라(35절)

베냐민 지파에서 계수된 자는 삼만 오천사백 명이었더라(37절)

단 지파에서 계수된 자는 육만 이천칠백 명이었더라(39절)

아셀 지파에서 계수된 자는 사만 천오백 명이었더라(41절)

납달리 지파에서 계수된 자는 오만 삼천사백 명이었더라(43절)

계수된 자의 총계는 육십만 삼천오백오십 명이었더라(46절)

너는 레위 지파만은 계수하지 말며 그들을 이스라엘 자손 계수 중에 넣지 말고...(49~53절)

### • 시편 35편 - 다윗이 고난 중에 자기 신앙을 기도와 찬양으로 점검함

여호와여 나와 다투는 자와 다투시고 나와 싸우는 자와 싸우소서...(1~4절)

그들이 까닭 없이 나를 잡으려고 그들의 그물을 웅덩이에 숨기며 까닭 없이 내 생명을 해하려고 함정을 팠사오니...(7~8절)

불의한 증인들이 일어나서 내가 알지 못하는 일로 내게 질문하며...(11~13절)

주여 어느 때까지 관망하시려 하나이까 내 영혼을 저 멸망자에게서 구원하시며 내 유일한 것을 사자들에게서 건지소서...(17~19절)

여호와여 주께서 이를 보셨사오니 잠잠하지 마옵소서 주여 나를 멀리하지 마옵소서...(22~23절)

나의 재난을 기뻐하는 자들이 함께 부끄러워 낭패를 당하게 하시며 나를 향하여 스스로 뽐내는 자들이 수치와 욕을 당하게 하소서(26절)

### • 전도서 11장 - 앞날을 모르는 자가 지혜로운 판단으로 자신을 점검함

너는 네 떡을 물 위에 던져라 여러 날 후에 도로 찾으리라...(1~2절)

바람의 길이 어떠함과 아이 밴 자의 태에서 뼈가 어떻게 자라는지를 네가 알지 못함 같이 만사를 성취하시는 하나님의 일을 네가 알지 못하느니라...(5~6절)

청년이여 네 어린 때를 즐거워하며 네 청년의 날들을 마음에 기뻐하여 마음에 원하는 길들과 네 눈이 보는 대로 행하라 그러나 하나님이 이 모든 일로 말미암아 너를 심판

하실 줄 알라...(9~10절)

## • 디도서 3장 - 구원받은 성도는 복음과 바른 행실로 이단을 점검함

너는 그들로 하여금 통치자들과 권세 잡은 자들에게 복종하며 순종하며 모든 선한 일 행하기를 준비하게 하며...(1~7절)
그러나 어리석은 변론과 족보 이야기와 분쟁과 율법에 대한 다툼은 피하라 이것은 무익한 것이요 헛된 것이니라...(9~10절)
또 우리 사람들도 열매 없는 자가 되지 않게 하기 위하여 필요한 것을 준비하는 좋은 일에 힘 쓰기를 배우게 하라(14절)


## Ⅲ. 묵상을 위한 질문

1. 여호와는 몇 세 이상, 어떤 목적으로 12지파를 계수하라고 하셨나요?(3)

2. 여호와는 왜 레위지파를 계수에서 제외하라고 하셨나요?(49~51,53)

3. 다윗이 역경 속에서 여호와께 기도할 때 구체적으로 무엇을 요청했나요?(1~3,17,23)

4. 다윗이 원수의 진멸을 구하면서도 순간순간 잃지 않은 것은 무엇일까요?(9,18,28)

5. 솔로몬은 미래를 알지 못하는 인생들에게 무엇을 하라고 했나요?(1~2,6)

6. 솔로몬은 청년에게 자유 속에서 무엇을 기억하라고 했나요?(9)

7. 바울은 하나님이 죄로 죽은 우리 영혼을 무엇으로 살리셨다고 했나요?(5)

8. 바울은 이단에 대해서 어떻게 대하라고 말했나요?(10)

# IV. 기도

1. 주여, 항상 영적 전쟁을 위해 전세를 파악하고 대비하게 하옵소서.
2. 주여, 항상 하나님의 개입하심을 소망하고 기도하며 찬양하게 하옵소서.
3. 주여, 항상 공동체를 지키기 위해 이단을 파악하고 멀리하게 하옵소서.

## • 하나님 마음 알아가기 •

## • 나에게 주시는 말씀(암송하기) •

## • 오늘의 감사(기록하기) •

## I. 맥체인성경의 통독구조<115>

1. 파편적으로 듣는 말씀 : 우리가 듣는 설교는 일반적으로 설교자의 주관적 본문선택 및 해석에 의해 듣게 되는 경우가 많다. 단 강해설교는 예외일 수 있다.

2. 종합적으로 듣는 말씀 : 반면 맥체인성경의 통독은 전혀 다른 본문을 순서적으로 읽게 되어 입체적이고 사면적으로 통독하므로 종합적인 말씀이 될 수 있다.

## II. 핵심구절 읽기

| 성경본문 | 민수기 2장 | 시편 36편 | 전도서 12장 | 빌레몬서 1장 |
|---|---|---|---|---|
| 통일주제 | 위치(사람이나 사물이 어떤 특정한 곳에 자리를 정함) | | | |
| 개별주제 | 12지파가 동남서북으로 진영을 친 위치 | 다윗이 악인과 다르게 영혼의 거처를 둔 위치 | 청년이 쇠하기 전에 착념해야 할 마음의 위치 | 오네시모가 빌레몬 앞에서 새롭게 된 위치 |
| 연합내용 | **사람은 언제나 공간적으로나 신분적으로 제약을 받는다. 그러므로 자기 자신을 어디에 위치시키느냐에 따라 생의 결과가 달라진다. 개인이든 단체든, 영혼이든 육신이든, 주인이든 종이든 위치선정이 중요하다.** | | | |
| 핵심구절 | 2~3,5,7,10,12 14,17~18,20,22 25,27,29,34 | 1~2,5~10 | 1~7,11~14 | 4~6,9~12,15~21 |

### • 민수기 2장 - 12지파가 동남서북으로 진영을 친 위치

이스라엘 자손은 각각 자기의 진영의 군기와 자기의 조상의 가문의 기호 곁에 진을 치되 회막을 향하여 사방으로 치라...(2~3절)

그 곁에 진 칠 자는 잇사갈 지파라 잇사갈 자손의 지휘관은 수알의 아들 느다넬이요 (5절)

그리고 스불론 지파라 스불론 자손의 지휘관은 헬론의 아들 엘리압이요(7절)

남쪽에는 르우벤 군대 진영의 군기가 있을 것이라 르우벤 자손의 지휘관은 스데울의 아들 엘리술이요(10절)

그 곁에 진 칠 자는 시므온 지파라 시므온 자손의 지휘관은 수리삿대의 아들 슬루미엘이요(12절)

또 갓 지파라 갓 자손의 지휘관은 르우엘의 아들 엘리아삽이요(14절)

그 다음에 회막이 레위인의 진영과 함께 모든 진영의 중앙에 있어 행진하되 그들의 진 친 순서대로 각 사람은 자기의 위치에서 자기들의 기를 따라 앞으로 행진할지니라...(17~18절)

그 곁에는 므낫세 지파가 있을 것이라 므낫세 자손의 지휘관은 브다술의 아들 가말리엘이요(20절)

또 베냐민 지파라 베냐민 자손의 지휘관은 기드오니의 아들 아비단이요(22절)

북쪽에는 단 군대 진영의 군기가 있을 것이라 단 자손의 지휘관은 암미삿대의 아들 아히에셀이요(25절)

그 곁에 진 칠 자는 아셀 지파라 아셀 자손의 지휘관은 오그란의 아들 바기엘이요(27절)

또 납달리 지파라 납달리 자손의 지휘관은 에난의 아들 아히라요(29절)

이스라엘 자손이 여호와께서 모세에게 명령하신 대로 다 준행하여 각기 종족과 조상의 가문에 따르며 자기들의 기를 따라 진 치기도 하며 행진하기도 하였더라(34절)

### • 시편 36편 - 다윗이 악인과 다르게 영혼의 거처를 둔 위치

악인의 죄가 그의 마음속으로 이르기를 그의 눈에는 하나님을 두려워하는 빛이 없다 하니...(1~2절)

여호와여 주의 인자하심이 하늘에 있고 주의 진실하심이 공중에 사무쳤으며...(5~10절)

### • 전도서 12장 - 청년이 쇠하기 전에 착념해야 할 마음의 위치

너는 청년의 때에 너의 창조주를 기억하라 곧 곤고한 날이 이르기 전에, 나는 아무 낙이 없다고 할 해들이 가깝기 전에...(1~7절)

지혜자들의 말씀들은 찌르는 채찍들 같고 회중의 스승들의 말씀들은 잘 박힌 못 같으니 다 한 목자가 주신 바이니라...(11~14절)

### • 빌레몬서 1장 - 오네시모가 빌레몬 앞에서 새롭게 된 위치

내가 항상 내 하나님께 감사하고 기도할 때에 너를 말함은...(4~6절)

도리어 사랑으로써 간구하노라 나이가 많은 나 바울은 지금 또 예수 그리스도를 위하여 갇힌 자 되어...(9~12절)

아마 그가 잠시 떠나게 된 것은 너로 하여금 그를 영원히 두게 함이리니...(15~21절)

## III. 묵상을 위한 질문

1. 여호와 하나님은 12지파의 계수가 끝난 후 무엇을 편성하라고 하셨나요?(2)

2. 동쪽과 서쪽에 진을 친 지파는 어느 지파였나요?(3,5,7,18,20,22)

3. 다윗은 여호와 하나님의 무엇을 고백하고 찬양했나요?(5~7)

4. 다윗은 생명의 원천이 누구에게 있다고 했나요?(9)

5. 솔로몬은 청년의 때에 무엇을 하라고 권면했나요?(1~2)

6. 솔로몬은 노년의 모습을 어떻게 묘사했나요?(3~6)

7. 바울이 빌레몬에게 오네시모를 자기 곁에 두지 않은 이유를 무엇이라고 했나요?(13~14)

8. 바울이 빌레몬에게 오네시모에 대해서 간곡히 부탁한 것은 무엇일까요?(16~17)

## IV. 기도

1. 주여, 나와 우리 가정을 주님 곁에 위치하도록 결단하는 용기를 주옵소서.
2. 주여, 다음세대 청년들이 젊었을 때에 창조주를 기억하게 하옵소서.
3. 주여, 모든 이해관계를 초월하여 주를 위한 진정한 동역자가 되게 하옵소서.

## • 하나님 마음 알아가기 •

## • 나에게 주시는 말씀(암송하기) •

## • 오늘의 감사(기록하기) •

## Ⅰ. 맥체인성경의 통독구조<116>

창세기~역대하 : 만물의 시작과 이스라엘의 시작

에스라~말라기 : 이스라엘의 멸망과 새 시대의 시작

마태복음~요한복음 : 예수의 복음사역과 십자가 구속

사도행전~요한계시록 : 교회의 시작과 선교

## Ⅱ. 핵심구절 읽기

| 성경본문 | 민수기 3장 | 시편 37편 | 아가 1장 | 히브리서 1장 |
|---|---|---|---|---|
| 통일주제 | 소유(한 존재가 차지하여 소속되며 전적으로 영향을 받게 되는 관계) | | | |
| 개별주제 | 레위지파와 첫 것은 하나님의 소유 | 땅은 의인과 온유한 자의 소유 | 사랑받는 자는 사랑하는 자의 소유 | 모든 피조물은 예수 그리스도의 소유 |
| 연합내용 | **세상의 모든 것은 주인이 있다. 천지만물은 하나님의 소유다. 하나님은 특정한 것을 소유하심으로 전체의 주권을 보여주신 주인이시다. 또한 사랑의 하나님은 인간에게 땅과 사람을 소유하도록 허락하셨다.** | | | |
| 핵심구절 | 1~4,6~9,12~13,15,17 21~22,27~28, 33~34,39~43, 46~48,50 | 1~8,16,18,21 23~25,31,33,37 39 | 1~2,4~6,9~11 13~17 | 1~4,8~12,14 |

### • 민수기 3장 - 레위지파와 첫 것은 하나님의 소유

여호와께서 시내 산에서 모세와 말씀하실 때에 아론과 모세가 낳은 자는 이러하니라...(1~4절)

레위 지파는 나아가 제사장 아론 앞에 서서 그에게 시종하게 하라...(6~9절)

보라 내가 이스라엘 자손 중에서 레위인을 택하여 이스라엘 자손 중에 태를 열어 태어난 모든 맏이를 대신하게 하였은즉 레위인은 내 것이라...(12~13절)

레위 자손을 그들의 조상의 가문과 종족을 따라 계수하되 일 개월 이상된 남자를 다 계수하라(15절)

레위의 아들들의 이름은 이러하니 게르손과 고핫과 므라리요(17절)

게르손에게서는 립니 종족과 시므이 종족이 났으니 이들이 곧 게르손의 조상의 가문들이라...(21~22절)

고핫에게서는 아므람 종족과 이스할 종족과 헤브론 종족과 웃시엘 종족이 났으니 이들은 곧 고핫 종족들이라...(27~28절)

므라리에게서는 말리 종족과 무시 종족이 났으니 이들은 곧 므라리 종족들이라...(33~34절)

모세와 아론이 여호와의 명령을 따라 레위인을 각 종족대로 계수한즉 일 개월 이상 된 남자는 모두 이만 이천 명이었더라...(39~43절)

이스라엘 자손의 처음 태어난 자가 레위인보다 이백칠십삼 명이 더 많은즉 속전으로...(46~48절)

곧 이스라엘 자손의 처음 태어난 자에게서 받은 돈이 성소의 세겔로 천삼백육십오 세겔이라(50절)

## • 시편 37편 - 땅은 의인과 온유한 자의 소유

악을 행하는 자들 때문에 불평하지 말며 불의를 행하는 자들을 시기하지 말지어다...(1~8절)

의인의 적은 소유가 악인의 풍부함보다 낫도다(16절)

여호와께서 온전한 자의 날을 아시나니 그들의 기업은 영원하리로다(18절)

악인은 꾸고 갚지 아니하나 의인은 은혜를 베풀고 주는도다(21절)

여호와께서 사람의 걸음을 정하시고 그의 길을 기뻐하시나니...(23~25절)

그의 마음에는 하나님의 법이 있으니 그의 걸음은 실족함이 없으리로다(31절)

여호와는 그를 악인의 손에 버려 두지 아니하시고 재판 때에도 정죄하지 아니하시리로다(33절)

온전한 사람을 살피고 정직한 자를 볼지어다 모든 화평한 자의 미래는 평안이로다(37절)

의인들의 구원은 여호와로부터 오나니 그는 환난 때에 그들의 요새이시로다(39절)

## • 아가 1장 - 사랑받는 자는 사랑하는 자의 소유

솔로몬의 아가라...(1~2절)

왕이 나를 그의 방으로 이끌어 들이시니 너는 나를 인도하라 우리가 너를 따라 달려가리라 우리가 너로 말미암아 기뻐하며 즐거워하니 네 사랑이 포도주보다 더 진함이라

처녀들이 너를 사랑함이 마땅하니라...(4~6절)

내 사랑아 내가 너를 바로의 병거의 준마에 비하였구나...(9~11절)

나의 사랑하는 자는 내 품 가운데 몰약 향주머니요...(13~17절)

### • 히브리서 1장 - 모든 피조물은 예수 그리스도의 소유

옛적에 선지자들을 통하여 여러 부분과 여러 모양으로 우리 조상들에게 말씀하신 하나님이...(1~4절)

아들에 관하여는 하나님이여 주의 보좌는 영영하며 주의 나라의 규는 공평한 규이니이다...(8~12절)

모든 천사들은 섬기는 영으로서 구원 받을 상속자들을 위하여 섬기라고 보내심이 아니냐(14절)

## Ⅲ. 묵상을 위한 질문

1. 여호와 하나님이 시내산에서 모세와 말씀하실 때에 아론에게 네 명의 아들을 주셨는데 그 아들 중 나답과 아비후는 왜 시내광야에서 죽었을까요?(4)

2. 레위인과 이스라엘자손 중 처음 난 1개월 이상된 남자의 수는 각각 몇이며 그 차이를 하나님은 어떻게 해결하라고 하셨나요?(39,43,46~50)

3. 다윗은 무엇에 대하여 불평하지 말라고 말했나요?(1,7~8)

4. 다윗은 어떤 자가 땅을 차지한다고 말했나요?(9,11,22,29,34)

5. 솔로몬의 사랑을 받는 자는 자신을 스스로 어떻게 묘사했나요?(5~6)

6. 솔로몬은 자신이 사랑하는 자를 어떻게 묘사했나요?(9~10,13~15)

7. 히브리서 기자는 예수님을 어떻게 설명했나요?(2~4)

8. 히브리서 기자는 예수님이 누구보다 뛰어나시다고 했나요?(5~6,13)

## IV. 기도

1. 주여, 우리로 하여금 온전한 제사를 드리게 하옵소서.
2. 주여, 우리로 하여금 우리를 대신하여 속전이 되신 주님을 섬기게 하옵소서.
3. 주여, 모든 피조물과 천사보다 뛰어나신 예수님을 온전히 높이게 하옵소서.

· 하나님 마음 알아가기 ·

· 나에게 주시는 말씀(암송하기) ·

· 오늘의 감사(기록하기) ·

## Ⅰ. 맥체인성경의 통독구조<117>

맥체인성경의 순서대로!

창세기~역대하 : 만물의 시작과 이스라엘의 시작

마태복음~요한복음 : 예수의 복음사역과 십자가 구속

에스라~말라기 : 이스라엘의 멸망과 새 시대의 시작

사도행전~요한계시록 : 교회의 시작과 선교

## Ⅱ. 핵심구절 읽기

| 성경본문 | 민수기 4장 | 시편 38편 | 아가 2장 | 히브리서 2장 |
|---|---|---|---|---|
| 통일주제 | 담당(어떤 일을 책임지고 맡음) | | | |
| 개별주제 | 고핫 게르손 므라리 자손이 회막의 일을 담당 | 다윗이 고통과 단절로 자신의 죄 값을 담당 | 사랑함으로 서로 속한 자는 상대의 행복을 담당 | 예수가 모든 사람을 위하여 죽음의 고난을 담당 |
| 연합내용 | **예수 그리스도는 인간을 구원하시기 위해 대속의 고난을 담당하셨다. 그러므로 구원받은 그리스도인은 주의 일을 담당하고 또 잘못하면 죄값을 담당하며 믿는 자간에는 사랑과 행복을 담당해야 한다.** | | | |
| 핵심구절 | 2~16,20,22~23 29~30,36,40,44 47~48 | 1~8,11~14 17~18,20 | 1~4,8~16 | 3~4,8~11,14~18 |

### • 민수기 4장 - 고핫 게르손 므라리 자손이 회막의 일을 담당

레위 자손 중에서 고핫 자손을 그들의 종족과 조상의 가문에 따라 집계할지니...(2~16절)

그들은 잠시라도 들어가서 성소를 보지 말라 그들이 죽으리라(20절)

게르손 자손도 그 조상의 가문과 종족에 따라 계수하되...(22~23절)

너는 므라리 자손도 그 조상의 가문과 종족에 따라 계수하되...(29~30절)

곧 그 종족대로 계수된 자가 이천칠백오십 명이니(36절)

그 종족과 조상의 가문을 따라 계수된 자는 이천육백삼십 명이니(40절)

그 종족을 따라 계수된 자는 삼천이백 명이니(44절)

삼십 세부터 오십 세까지 회막 봉사와 메는 일에 참여하여 일할 만한 모든 자...(47~48절)

## • 시편 38편 - 다윗이 고통과 단절로 자신의 죄 값을 담당

여호와여 주의 노하심으로 나를 책망하지 마시고 주의 분노하심으로 나를 징계하지 마소서...(1~8절)

내가 사랑하는 자와 내 친구들이 내 상처를 멀리하고 내 친척들도 멀리 섰나이다...(11~14절)

내가 넘어지게 되었고 나의 근심이 항상 내 앞에 있사오니...(17~18절)

또 악으로 선을 대신하는 자들이 내가 선을 따른다는 것 때문에 나를 대적하나이다(20절)

## • 아가 2장 - 사랑함으로 서로 속한 자는 상대의 행복을 담당

나는 사론의 수선화요 골짜기의 백합화로다...(1~4절)

내 사랑하는 자의 목소리로구나 보라 그가 산에서 달리고 작은 산을 빨리 넘어오는구나...(8~16절)

## • 히브리서 2장 - 예수가 모든 사람을 위하여 죽음의 고난을 담당

우리가 이같이 큰 구원을 등한히 여기면 어찌 그 보응을 피하리요 이 구원은 처음에 주로 말씀하신 바요 들은 자들이 우리에게 확증한 바니...(3~4절)

만물을 그 발 아래에 복종하게 하셨느니라 하였으니 만물로 그에게 복종하게 하셨은즉 복종하지 않은 것이 하나도 없어야 하겠으나 지금 우리가 만물이 아직 그에게 복종하고 있는 것을 보지 못하고...(8~11절)

자녀들은 혈과 육에 속하였으매 그도 또한 같은 모양으로 혈과 육을 함께 지니심은 죽음을 통하여 죽음의 세력을 잡은 자 곧 마귀를 멸하시며...(14~18절)

## III. 묵상을 위한 질문

1. 레위 자손 중 고핫 자손은 어떤 일을 하며 그 수는 얼마나 될까요?(4~15,36)

2. 게르손과 므라리 자손은 어떤 일을 하며 그 수는 얼마나 될까요?(24~26, 40, 29~32, 44)

3. 다윗은 자신의 죄악을 누가 심판하시며 또한 구원하신다고 믿었나요?(1~2,15,21~22)

4. 다윗은 무엇 때문에 고통과 단절을 경험하게 되었나요?(3~4,11,18)

5. 솔로몬은 사랑하는 여자를 어떻게 표현했으며 무슨 의미일까요?(2,14)

6. 사랑하는 여자는 솔로몬을 어떻게 표현했으며 무슨 의미일까요?(3)

7. 히브리서 기자는 예수님의 인류구원 사역을 어떻게 묘사했나요?(9~10,14,17)

8. 히브리서 기자는 구원받은 자를 어떻게 부르며 어떤 유익이 있다고 했나요?(11~12,18)

## IV. 기도

1. 주여, 성도로서 자신에게 주어진 거룩한 일을 발견하고 충성하게 하옵소서.
2. 주여, 우리의 구원과 심판이 하나님께 있음을 알고 온전히 믿게 하옵소서.
3. 주여, 우리가 세상에서 예수 그리스도를 온전히 전하고 변론하게 하옵소서.

## • 하나님 마음 알아가기 •

## • 나에게 주시는 말씀(암송하기) •

## • 오늘의 감사(기록하기) •

## Ⅰ. 맥체인성경의 통독구조<118>

먼저 첫 번째 장을 읽을 때 전체 줄거리 중에서 몇 개의 주제를 찾고 이어 두 번째 장을 읽을 때 그 중 같은 주제를 찾아 연관 짓는다. 이어 세 번째, 네 번째 장을 읽으면서 통일된 한 개의 주제로 압축하는 통독구조이다.

## Ⅱ. 핵심구절 읽기

| 성경본문 | 민수기 5장 | 시편 39편 | 아가 3장 | 히브리서 3장 |
|---|---|---|---|---|
| 통일주제 | 조심(잘못이나 실수가 없도록 말이나 행동에 신경을 씀) | | | |
| 개별주제 | 이스라엘 자손이 진영에서 나병과 유출증과 범죄를 조심함 | 연약한 다윗이 하나님과 사람 앞에서 말과 행위를 조심함 | 찾고 찾았던 사랑이 주변으로부터 방해받지 않도록 조심함 | 그리스도와 함께 참여한 자가 하나님께로부터 떨어질까 조심함 |
| 연합내용 | **성도는 주의 말씀과 계명 안에서 자유한다. 그러므로 늘 주님에게서 멀어지지 않도록 조심해야 한다. 특히 부정한 곳에 머무르지 않도록 해야 하며, 말과 행동뿐 아니라 완고한 마음과 유혹을 조심해야 한다.** | | | |
| 핵심구절 | 2~3,6~8,12~15 22,29~30 | 1~2,4~7,9 12~13 | 1~4,6~8,11 | 1~3,6,12~14 17~19 |

### • 민수기 5장 - 이스라엘 자손이 진영에서 나병과 유출증과 범죄를 조심함

이스라엘 자손에게 명령하여 모든 나병 환자와 유출증이 있는 자와 주검으로 부정하게 된 자를 다 진영 밖으로 내보내되...(2~3절)

이스라엘 자손에게 이르라 남자나 여자나 사람들이 범하는 죄를 범하여 여호와께 거역함으로 죄를 지으면...(6~8절)

이스라엘 자손에게 말하여 그들에게 이르라 만일 어떤 사람의 아내가 탈선하여 남편에게 신의를 저버렸고...(12~15절)

이 저주가 되게 하는 이 물이 네 창자에 들어가서 네 배를 붓게 하고 네 넓적다리를 마르게 하리라 할 것이요 여인은 아멘 아멘 할지니라(22절)

이는 의심의 법이니 아내가 그의 남편을 두고 탈선하여 더럽힌 때나...(29~30절)

## • 시편 39편 - 연약한 다윗이 하나님과 사람 앞에서 말과 행위를 조심함

내가 말하기를 나의 행위를 조심하여 내 혀로 범죄하지 아니하리니 악인이 내 앞에 있을 때에 내가 내 입에 재갈을 먹이리라 하였도다...(1~2절)

여호와여 나의 종말과 연한이 언제까지인지 알게 하사 내가 나의 연약함을 알게 하소서...(4~7절)

내가 잠잠하고 입을 열지 아니함은 주께서 이를 행하신 까닭이니이다(9절)

여호와여 나의 기도를 들으시며 나의 부르짖음에 귀를 기울이소서 내가 눈물 흘릴 때에 잠잠하지 마옵소서 나는 주와 함께 있는 나그네이며 나의 모든 조상들처럼 떠도나이다...(12~13절)

## • 아가 3장 - 찾고 찾았던 사랑이 주변으로부터 방해받지 않도록 조심함

내가 밤에 침상에서 마음으로 사랑하는 자를 찾았노라 찾아도 찾아내지 못하였노라...(1~4절)

몰약과 유향과 상인의 여러 가지 향품으로 향내 풍기며 연기 기둥처럼 거친 들에서 오는 자가 누구인가...(6~8절)

시온의 딸들아 나와서 솔로몬 왕을 보라 혼인날 마음이 기쁠 때에 그의 어머니가 씌운 왕관이 그 머리에 있구나(11절)

## • 히브리서 3장 - 그리스도와 함께 참여한 자가 하나님께로부터 떨어질까 조심함

그러므로 함께 하늘의 부르심을 받은 거룩한 형제들아 우리가 믿는 도리의 사도이시며 대제사장이신 예수를 깊이 생각하라...(1~3절)

그리스도는 하나님의 집을 맡은 아들로서 그와 같이 하셨으니 우리가 소망의 확신과 자랑을 끝까지 굳게 잡고 있으면 우리는 그의 집이라(6절)

형제들아 너희는 삼가 혹 너희 중에 누가 믿지 아니하는 악한 마음을 품고 살아 계신 하나님에게서 떨어질까 조심할 것이요...(12~14절)

또 하나님이 사십 년 동안 누구에게 노하셨느냐 그들의 시체가 광야에 엎드러진 범죄한 자들에게가 아니냐...(17~19절)

## III. 묵상을 위한 질문

1. 여호와 하나님은 어떤 자들을 진영 밖으로 내 보내도록 하셨나요?(2~3)

2. 여호와는 사람이 죄를 지었을 때 상대방에게 어떻게 갚도록 말씀하셨나요?(6~8)

3. 다윗이 하나님과 사람 앞에서 항상 조심했던 것 중의 하나는 무엇일까요?(1~2,9)

4. 다윗은 자신의 수명에 대하여 어떻게 이해했나요?(4~5,12)

5. 술람미여인이 사랑하는 자를 위해 했던 두 가지 행동은 무엇일까요?(1~2,5)

6. 솔로몬이 술람미를 향하여 보낸 가마는 어떤 모양이었나요?(9~10)

7. 히브리서 기자는 그리스도가 누구보다 더욱 영광을 받으실 만하다고 했나요?(3)

8. 히브리서 기자는 그리스도와 함께 참여하는 자가 되려면 무엇을 조심하라고 했나요?(12~14)

## IV. 기도

1. 주여, 죄를 범하였을 때 회개케 하시고 속히 원상복구하는 자세를 주옵소서.
2. 주여, 우리가 예수 그리스도를 사랑하는 자답게 늘 찾고 옆에 머물게 하옵소서.
3. 주여, 우리로 하여금 믿지 않는 악한 마음에 빠지지 않도록 보호하여 주옵소서.

• 나에게 주시는 말씀(암송하기) •

• 오늘의 감사(기록하기) •

## I. 맥체인성경의 통독구조<119>

4장의 전개를 드라마의 시나리오 구성으로 생각하고 전개하라.

1) 우선 등장인물 한 사람의 이야기부터 시작한다.

2) 등장인물을 중심으로 일어난 한 사건의 이야기로 풀어간다.

3) 다른 한 편에서 일어나는 인물과 사건에도 연계하여 내용을 파악, 전개한다.

4) 종합적으로 시나리오를 완성한다.

## II. 핵심구절 읽기

| 성경본문 | 민수기 6장 | 시편 40~41편 | 아가 4장 | 히브리서 4장 |
|---|---|---|---|---|
| 통일주제 | 각오(해야 할 일이나 당할 어려움에 대해 마음의 준비를 단단히 함) | | | |
| 개별주제 | 하나님께 드린바 된 나실인이 세 가지 금지할 행동을 각오 | 구원받은 자가 받은 은혜를 타인에게 전할 뜻을 각오 | 솔로몬이 술람미에게 사랑을 고백하고 축복을 각오 | 신자가 안식에 들어가기 위해 복음에 순종할 것을 각오 |
| 연합내용 | **은혜를 입은 자는 은혜를 베푸신 하나님과 타인 그리고 자신에게 새로운 삶에 대한 각오를 한다. 나실인은 금기를, 구원받은 자는 선포를, 사랑하는 자는 축복을, 안식에 들어갈 자는 순종을 각오한다.** | | | |
| 핵심구절 | 2~6,11~15,18 20,23~27 | 40:1~5,8~10,12 16~17 41:1~3,10~12 | 1~6,9~12,15~16 | 1~2,6,10~16 |

### • 민수기 6장 - 하나님께 드린바 된 나실인이 세 가지 금지할 행동을 각오

이스라엘 자손에게 전하여 그들에게 이르라 남자나 여자가 특별한 서원 곧 나실인의 서원을 하고 자기 몸을 구별하여 여호와께 드리려고 하면...(2~6절)

제사장은 그 하나를 속죄제물로, 하나를 번제물로 드려서 그의 시체로 말미암아 얻은 죄를 속하고 또 그는 그 날에 그의 머리를 성결하게 할 것이며...(11~15절)

자기의 몸을 구별한 나실인은 회막 문에서 자기의 머리털을 밀고 그것을 화목제물 밑에 있는 불에 둘지며(18절)

여호와 앞에 요제로 흔들 것이며 그것과 흔든 가슴과 받들어올린 넓적다리는 성물이라

다 제사장에게 돌릴 것이니라 그 후에는 나실인이 포도주를 마실 수 있느니라(20절)

아론과 그의 아들들에게 말하여 이르기를 너희는 이스라엘 자손을 위하여 이렇게 축복하여 이르되...(23~27절)

## • 시편 40~41편 - 구원받은 자가 받은 은혜를 타인에게 전할 뜻을 각오

내가 여호와를 기다리고 기다렸더니 귀를 기울이사 나의 부르짖음을 들으셨도다...(40편 1~5절)

나의 하나님이여 내가 주의 뜻 행하기를 즐기오니 주의 법이 나의 심중에 있나이다 하였나이다...(40편 8~10절)

수많은 재앙이 나를 둘러싸고 나의 죄악이 나를 덮치므로 우러러볼 수도 없으며 죄가 나의 머리털보다 많으므로 내가 낙심하였음이니이다(40편 12절)

주를 찾는 자는 다 주 안에서 즐거워하고 기뻐하게 하시며 주의 구원을 사랑하는 자는 항상 말하기를 여호와는 위대하시다 하게 하소서...(40편 16~17절)

가난한 자를 보살피는 자에게 복이 있음이여 재앙의 날에 여호와께서 그를 건지시리로다...(41편 1~3절)

그러하오나 주 여호와여 내게 은혜를 베푸시고 나를 일으키사 내가 그들에게 보응하게 하소서 이로써...(41편 10~12절)

## • 아가 4장 - 솔로몬이 술람미에게 사랑을 고백하고 축복을 각오

내 사랑 너는 어여쁘고도 어여쁘다 너울 속에 있는 네 눈이 비둘기 같고 네 머리털은 길르앗 산 기슭에 누운 염소 떼 같구나...(1~6절)

내 누이, 내 신부야 네가 내 마음을 빼앗았구나 네 눈으로 한 번 보는 것과 네 목의 구슬 한 꿰미로 내 마음을 빼앗았구나...(9~12절)

너는 동산의 샘이요 생수의 우물이요 레바논에서부터 흐르는 시내로구나...(15~16절)

## • 히브리서 4장 - 신자가 안식에 들어가기 위해 복음에 순종할 것을 각오

그러므로 우리는 두려워할지니 그의 안식에 들어갈 약속이 남아 있을지라도 너희 중에는 혹 이르지 못할 자가 있을까 함이라...(1~2절)

그러면 거기에 들어갈 자들이 남아 있거니와 복음 전함을 먼저 받은 자들은 순종하지

아니함으로 말미암아 들어가지 못하였으므로(6절)

이미 그의 안식에 들어간 자는 하나님이 자기의 일을 쉬심과 같이 그도 자기의 일을 쉬느니라...(10~16절)

## III. 묵상을 위한 질문

1. 나실인의 서원을 한 자가 금지해야 할 세 가지는 무엇일까요?(3,5~6)

2. 여호와 하나님은 어떤 방법으로 이스라엘 자손을 축복하겠다고 하셨나요?(23~27)

3. 다윗이 고난 중에 응답을 받은 후 하나님 앞에 무엇을 각오했나요?(40:5,9~10)

4. 다윗은 자신을 미워하고 악담하는 자에 대해 어떤 확신을 가지고 있었나요?
   (41:5~12)

5. 솔로몬은 사랑하는 자의 외모를 어떻게 묘사했나요?(1~5)

6. 솔로몬은 술람미의 사랑을 어떻게 느끼고 표현했나요?(10~12,15)

7. 그리스도인이 참된 안식에 들어가기 위하여 무엇을 해야 할까요?(6,11,14)

8. 히브리서 기자가 소개하는 큰 대제사장 예수님은 어떤 분이실까요?(15~16)

## IV. 기도

1. 주여, 하나님의 자녀인 우리가 계명을 지킴으로 풍성한 복을 받게 하옵소서.
2. 주여, 구원의 은혜를 받은 우리가 날마다 주 예수의 복음을 전하게 하옵소서.
3. 주여, 우리가 참된 안식에 들어가기 위하여 참 믿음을 굳게 지키게 하옵소서.

## • 하나님 마음 알아가기 •




## • 나에게 주시는 말씀(암송하기) •




## • 오늘의 감사(기록하기) •

# 헌물

## Ⅰ. 맥체인성경의 통독구조<120>

네 장의 성경말씀을 핵심내용과 그에 대한 예제의 관계로 이해해 본다. 즉 네 장 중 어떤 본문은 원리가 되고 어떤 본문은 그 예제가 될 수 있는 구조다.

## Ⅱ. 핵심구절 읽기

| 성경본문 | 민수기 7장 | 시편 42~43편 | 아가 5장 | 히브리서 5장 |
|---|---|---|---|---|
| 통일주제 | 헌물(하나님이나 특별히 관계된 자에게 헌신의 마음으로 드리는 물건) | | | |
| 개별주제 | 이스라엘 지휘관들 감독된 자들이 재물과 가축을 헌물로 드림 | 낙심과 불안 중에 있던 다윗이 진심으로 자신을 헌물으로 드림 | 솔로몬이 술람미를 사랑함으로 자신의 것과 마음을 헌물로 줌 | 대제사장과 무식하고 미혹된 자 모두 속죄를 위해 헌물을 드림 |
| 연합내용 | 헌물은 간절한 마음의 표현이다. 성도는 하나님과 예수님께 특별한 마음으로 헌물뿐만이 아니라 자신도 드린다. 성막이 세워진 후 지파의 감독된 자들은 하나님께 헌물을 드렸고, 다윗과 대제사장과 죄인들도 속죄의 헌물을 드렸으며, 솔로몬은 술람미를 향해 모든 것을 주었다. | | | |
| 핵심구절 | 1~2,5,7~9,11~12,18 24,30,36,42,48,54 60,66,72,78,84,89 | 42:1~3,5,8 10~11 43:2~5 | 1~6,10~16 | 1~3,5~7,12~14 |

### • 민수기 7장 - 이스라엘 지휘관들 감독된 자들이 재물과 가축을 헌물로 드림

모세가 장막 세우기를 끝내고 그것에 기름을 발라 거룩히 구별하고 또 그 모든 기구와 제단과 그 모든 기물에 기름을 발라 거룩히 구별한 날에...(1~2절)

그것을 그들에게서 받아 레위인에게 주어 각기 직임대로 회막 봉사에 쓰게 할지니라 (5절)

곧 게르손 자손들에게는 그들의 직임대로 수레 둘과 소 네 마리를 주었고...(7~9절)

여호와께서 모세에게 이르시기를 지휘관들은 하루 한 사람씩 제단의 봉헌물을 드릴지니라 하셨더라...(11~12절)

둘째 날에는 잇사갈의 지휘관 수알의 아들 느다넬이 헌물을 드렸으니(18절)

셋째 날에는 스불론 자손의 지휘관 헬론의 아들 엘리압이 헌물을 드렸으니(24절)

넷째 날에는 르우벤 자손의 지휘관 스데울의 아들 엘리술이 헌물을 드렸으니(30절)

다섯째 날에는 시므온 자손의 지휘관 수리삿대의 아들 슬루미엘이 헌물을 드렸으니(36절)

여섯째 날에는 갓 자손의 지휘관 드우엘의 아들 엘리아삽이 헌물을 드렸으니(42절)

일곱째 날에는 에브라임 자손의 지휘관 암미홋의 아들 엘리사마가 헌물을 드렸으니(48절)

여덟째 날에는 므낫세 자손의 지휘관 브다술의 아들 가말리엘이 헌물을 드렸으니(54절)

아홉째 날에는 베냐민 자손의 지휘관 기드오니의 아들 아비단이 헌물을 드렸으니(60절)

열째 날에는 단 자손의 지휘관 암미삿대의 아들 아히에셀이 헌물을 드렸으니(66절)

열한째 날에는 아셀 자손의 지휘관 오그란의 아들 바기엘이 헌물을 드렸으니(72절)

열두째 날에는 납달리 자손의 지휘관 에난의 아들 아히라가 헌물을 드렸으니(78절)

이는 곧 제단에 기름 바르던 날에 이스라엘 지휘관들이 드린 바 제단의 봉헌물이라 은 쟁반이 열둘이요 은 바리가 열둘이요 금 그릇이 열둘이니(84절)

모세가 회막에 들어가서 여호와께 말하려 할 때에 증거궤 위 속죄소 위의 두 그룹 사이에서 자기에게 말씀하시는 목소리를 들었으니 여호와께서 그에게 말씀하심이었더라(89절)

• 시편 42~43편 - 낙심과 불안 중에 있던 다윗이 진심으로 자신을 헌물로 드림

하나님이여 사슴이 시냇물을 찾기에 갈급함 같이 내 영혼이 주를 찾기에 갈급하니이다...(42편 1~3절)

내 영혼아 네가 어찌하여 낙심하며 어찌하여 내 속에서 불안해 하는가 너는 하나님께 소망을 두라 그가 나타나 도우심으로 말미암아 내가 여전히 찬송하리로다(42편 5절)

낮에는 여호와께서 그의 인자하심을 베푸시고 밤에는 그의 찬송이 내게 있어 생명의 하나님께 기도하리로다(42편 8절)

내 뼈를 찌르는 칼 같이 내 대적이 나를 비방하여 늘 내게 말하기를 네 하나님이 어디 있느냐 하도다...(42편 10~11절)

주는 나의 힘이 되신 하나님이시거늘 어찌하여 나를 버리셨나이까 내가 어찌하여 원수의 억압으로 말미암아 슬프게 다니나이까...(43편 2~5절)

## • 아가 5장 - 솔로몬이 술람미를 사랑함으로 자신의 것과 마음을 헌물로 줌

내 누이, 내 신부야 내가 내 동산에 들어와서 나의 몰약과 향 재료를 거두고 나의 꿀송
이와 꿀을 먹고 내 포도주와 내 우유를 마셨으니 나의 친구들아 먹으라 나의 사랑하는
사람들아 많이 마시라...(1~6절)
내 사랑하는 자는 희고도 붉어 많은 사람 가운데에 뛰어나구나...(10~16절)

## • 히브리서 5장 - 대제사장과 무식하고 미혹된 자 모두 속죄를 위해 헌물을 드림

대제사장마다 사람 가운데서 택한 자이므로 하나님께 속한 일에 사람을 위하여 예물
과 속죄하는 제사를 드리게 하나니...(1~3절)
또한 이와 같이 그리스도께서 대제사장 되심도 스스로 영광을 취하심이 아니요 오
직 말씀하신 이가 그에게 이르시되 너는 내 아들이니 내가 오늘 너를 낳았다 하셨
고...(5~7절)
때가 오래 되었으므로 너희가 마땅히 선생이 되었을 터인데 너희가 다시 하나님의 말
씀의 초보에 대하여 누구에게서 가르침을 받아야 할 처지이니 단단한 음식은 못 먹고
젖이나 먹어야 할 자가 되었도다...(12~14절)

## Ⅲ. 묵상을 위한 질문

1. 이스라엘 지휘관들 곧 감독된 자들이 드린 헌물을 누구에게는 주지 않았나요?(9)

2. 장막세우기가 끝났을 때 이스라엘 자손 각 지파는 열두째 날까지 무엇을 했으며 그
   결과 어떤 일이 일어났나요?(12,18,24,30,36,42,48,54,60,66,72,78,89)

3. 다윗은 낙심되고 불안할 때 자신의 영혼에게 무엇을 명령했나요?(42:5,11,43:5)

4. 다윗은 하나님의 제단 앞에 나아가 자신을 어떻게 헌물로 드렸나요?(43:4)

5. 솔로몬은 사랑하는 술람미에게 무엇을 주었나요?(1~2,4~5)

6. 솔로몬은 사랑하는 술람미를 예루살렘 딸들에게 어떻게 표현했나요?(10~16)

7. 히브리서 기자는 예수 그리스도가 어떻게 대제사장이 되셨다고 말했나요?(5~10)

8. 히브리서 기자는 신앙의 연수가 길면 선생 또는 장성한 자가 되어야 한다고
   했는데 장성한 자의 특징은 무엇일까요?(12~14)

## Ⅳ. 기도

1. 주여, 감사의 헌물을 드림으로 우리의 신앙공동체가 든든히 서게 하옵소서.
2. 주여, 장성한 자가 되어 항상 지각을 사용함으로 선악을 분별하게 하옵소서.

### • 하나님 마음 알아가기 •

### • 나에게 주시는 말씀(암송하기) •

### • 오늘의 감사(기록하기) •

맥체인 1년 1독 성경읽기

# 맥체인 통독 맥잡기(4)

2020년 4월 1일 초판 1쇄 발행

지 은 이  김홍양

발 행 처  선교햇불

디 자 인  디자인이츠

등 록 일  1999년 9월 21일 제54호

등록주소  서울시 송파구 백제고분로 27길 12(삼전동)

전    화  (02) 2203-2739

팩    스  (02) 2203-2738

이 메 일  ccm2you@gmail.com

홈페이지  www.ccm2u.com